The Gig Bag Book of
Ukulele
Picture Chords

Contains over 1000 chords for the ukulele, arranged by key and by type, making it easy to find just the right chords for your favorite songs.

Amsco Publications
A Part of **The Music Sales Group**
New York/London/Paris/Sydney/Copenhagen/Berlin/Tokyo/Madrid

Project Editor: David Bradley
Interior design and layout by Len Vogler
Photography by Geoff Green

Order No. AM987360
ISBN: 978-0-8256-3627-1

Exclusive Distributors:
Music Sales Corporation
257 Park Avenue South, New York, NY 10010, USA
Music Sales Limited
14-15 Berners Street, London W1T 3LJ, UK
Music Sales Pty. Limited
20 Resolution Drive, Caringbah, NSW 2229, Australia

Printed at Leo Paper, China

Contents

The *Gig Bag Book of Ukulele Picture Chords* contains over 1000 chords for the ukulele. Chords are arranged by key and by type, making it easy to find just the right chords for your favorite songs.

Each chord is shown in an easy-to-read chord frame, with dots to show you where to place your fingers. Below each frame is the chord written in tablature, showing you the strings, frets, and scale degrees for each note of the chord.

To the right of each chord frame and TAB is a photograph of the chord being played on a real ukulele. You will find similar shapes with different fingerings throughout the book. The fingerings given are suggestions only—find the fingerings that are the most comfortable for you to play.

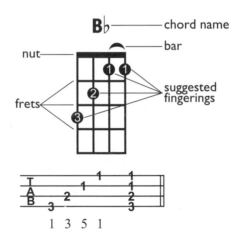

This book uses C tuning:

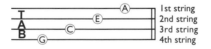

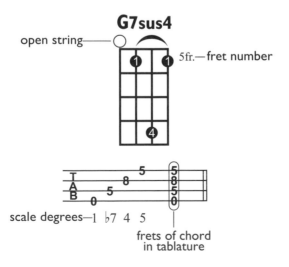

C

C

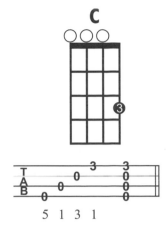

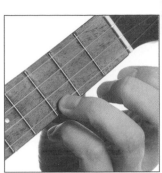

```
T        3   3
A     0      0
B  0         0
```

5 1 3 1

C

3fr.

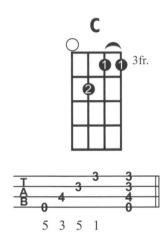

```
T        3   3
A     3      3
B  4         4
   0         0
```

5 3 5 1

C

7fr.

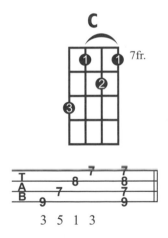

```
T        7   7
A     8      8
B  7         7
   9         9
```

3 5 1 3

C

7fr.

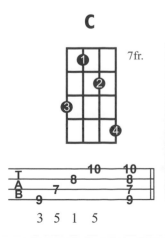

```
T        10   10
A     8       8
B  7          7
   9          9
```

3 5 1 5

Csus4

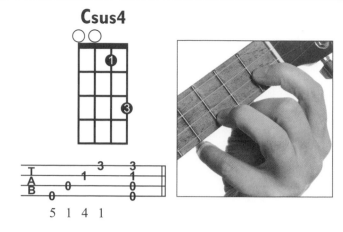

```
T        3   3
A      1     1
B    0       0
   0         0
```
5 1 4 1

Csus4

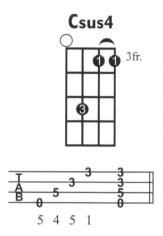

3fr.

```
T        3   3
A      3     3
B    5       5
   0         0
```
5 4 5 1

Csus4

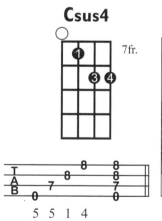

7fr.

```
T        8   8
A      8     8
B    7       7
   0         0
```
5 5 1 4

Csus4

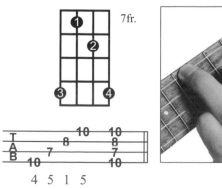

7fr.

```
T        10   10
A      8      8
B    7        7
   10         10
```
4 5 1 5

C

Cmaj6

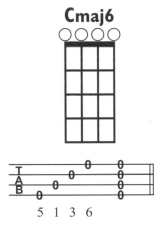

5 1 3 6

Cmaj6

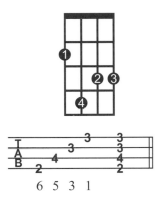

6 5 3 1

Cmaj6

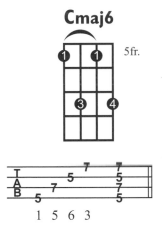

5fr.

1 5 6 3

Cmaj6

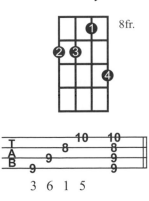

8fr.

3 6 1 5

Cmaj6/9

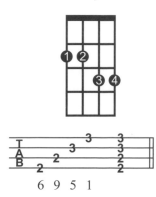

```
T            3   3
A        3       3
B    2           2
   2             2
```

6 9 5 1

Cmaj6/9

4fr.

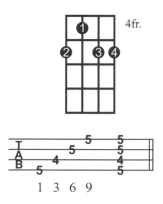

```
T            5   5
A        5       5
B    4           4
   5             5
```

1 3 6 9

Cmaj6/9

7fr.

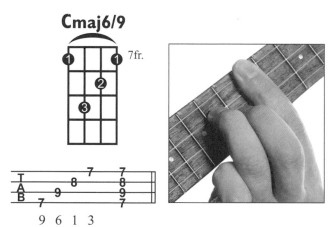

```
T            7   7
A        8       8
B    9           9
   7             7
```

9 6 1 3

Cmaj6/9

12fr.

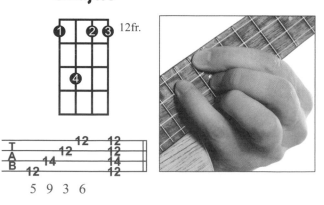

```
T            12   12
A        12       12
B    14           14
   12             12
```

5 9 3 6

Cmaj7

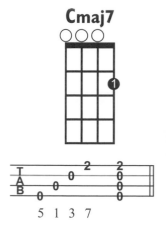

```
T        2    2
A     0       0
B  0          0
   0          0
```
5 1 3 7

Cmaj7

2fr.

```
T        2    2
A     3       3
B  4          4
   5          5
```
1 3 5 7

Cmaj7

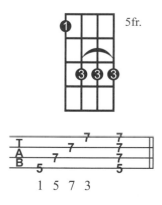

5fr.

```
T        7    7
A     7       7
B  7          7
   5          5
```
1 5 7 3

Cmaj7

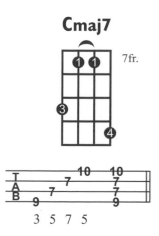

7fr.

```
T        10   10
A     7       7
B  7          7
   9          9
```
3 5 7 5

Cm

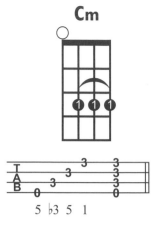

```
T      3    3
A    3      3
B  3        3
   0        0
```
5 ♭3 5 1

Cm

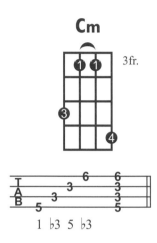 3fr.

```
T      6    6
A    3      3
B  3        3
   5        5
```
1 ♭3 5 ♭3

Cm

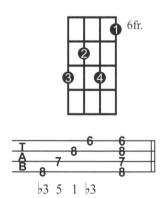 6fr.

```
T      6    6
A    8      8
B  7        7
   8        8
```
♭3 5 1 ♭3

Cm

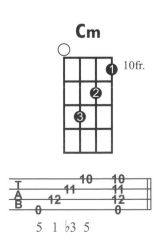 10fr.

```
T      10   10
A    11      11
B  12        12
   0         0
```
5 1 ♭3 5

C

Cm6

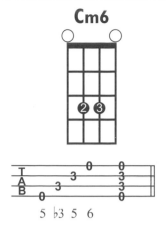

5 b3 5 6

Cm6

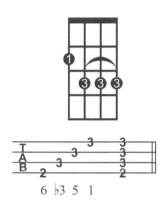

6 b3 5 1

Cm6

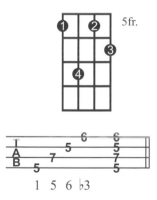

5fr.

1 5 6 b3

Cm6

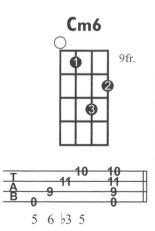

9fr.

5 6 b3 5

Cm7

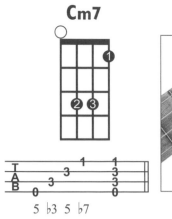

```
T           1   1
A       3       3
B   3           3
    0           0
```

5 ♭3 5 ♭7

Cm7

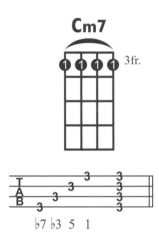
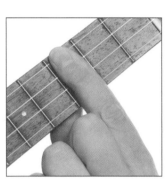

3fr.

```
T           3   3
A       3       3
B   3           3
    3           3
```

♭7 ♭3 5 1

Cm7

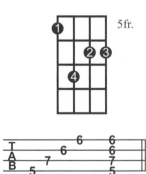

5fr.

```
T           6   6
A       6       6
B   7           7
    5           5
```

1 5 ♭7 ♭3

Cm7

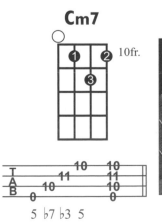

10fr.

```
T           10  10
A       11      11
B   10          10
    0           0
```

5 ♭7 ♭3 5

C

Cm9

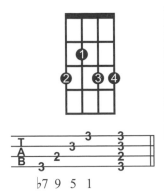

```
T        3   3
A      3     3
B    2       3
   3         3
```
♭7 9 5 1

Cm9

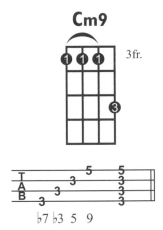
3fr.

```
T        5   5
A      3     3
B    3       3
   3         3
```
♭7 ♭3 5 9

Cm9

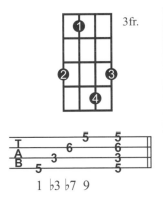
3fr.

```
T        5   5
A      6     6
B    3       3
   5         5
```
1 ♭3 ♭7 9

Cm9

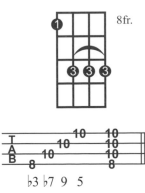
8fr.

```
T         10  10
A      10     10
B   10        10
   8          8
```
♭3 ♭7 9 5

Cm(maj7)

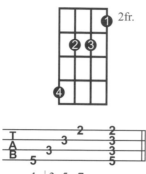

2fr.

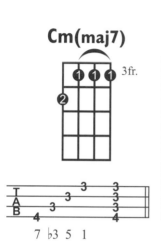

```
T        2   2
A      3     2
B    3       3
   5         3
             5
```

1 ♭3 5 7

Cm(maj7)

3fr.

```
T        3   3
A      3     3
B    3       3
   4         3
             4
```

7 ♭3 5 1

Cm(maj7)

5fr.

```
T        6   6
A      7     7
B    7       7
   5         5
```

1 5 7 ♭3

Cm(maj7)

10fr.

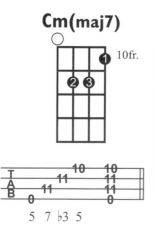

```
T        10  10
A      11    11
B    11      11
   0         0
```

5 7 ♭3 5

C

C7

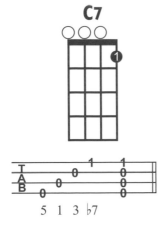

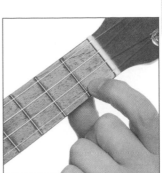

```
T        1  1
A     0     0
B  0        0
   0        0
```
5 1 3 ♭7

C7

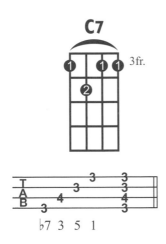

```
T        3  3
A     3     3
B  4        4
   3        3
```
♭7 3 5 1

C7

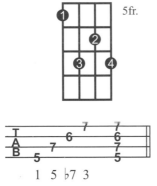

```
T        7  7
A     6     6
B  7        7
   5        5
```
1 5 ♭7 3

C7

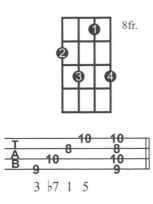

```
T         10  10
A      8      8
B  10        10
   9          9
```
3 ♭7 1 5

C7sus4

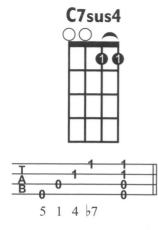

```
T        1   1
A     1  1   1
B  0     0   0
   0         0
```
5 1 4 ♭7

C7sus4

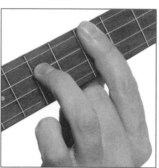
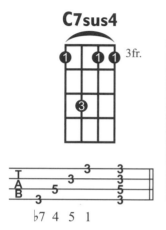

3fr.

```
T        3   3
A     3  3   3
B  5     5   5
   3         3
```
♭7 4 5 1

C7sus4

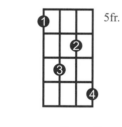

5fr.

```
T        8   8
A     6  6   6
B  7     7   7
   5         5
```
1 5 ♭7 4

C7sus4

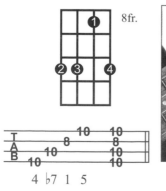

8fr.

```
T        10  10
A     8  8   8
B  10    10  10
   10        10
```
4 ♭7 1 5

C

C7#11

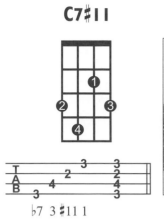

```
T      3   3
A    2     2
B   4      4
  3        3
```

b7 3 #11 1

C7#11

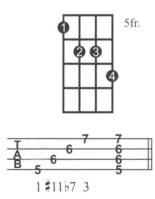
5fr.

```
T      7   7
A    6     6
B   6      6
  5        5
```

1 #11 b7 3

C7#5

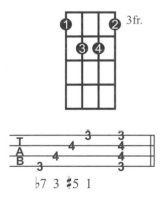
3fr.

```
T      3   3
A    4     4
B   4      4
  3        3
```

b7 3 #5 1

C7#5

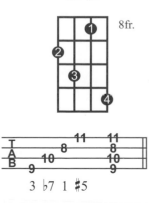
8fr.

```
T      11  11
A    8     8
B   10     10
  9        9
```

3 b7 1 #5

C9

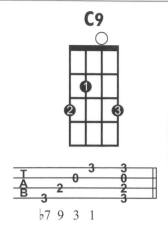

b7   9   3   1

C9

3fr.

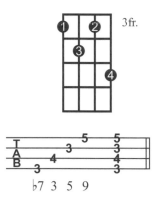

b7   3   5   9

C9

4fr.

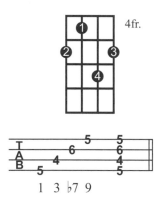

1   3   b7   9

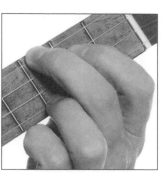

C9

9fr.

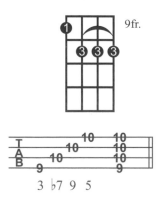

3   b7   9   5

C9sus4

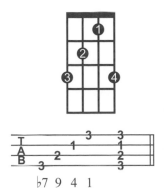

```
T-------3---3--
A----1------1--
A--2-------2--
B-3--------3--
```

♭7 9 4 1

C9sus4

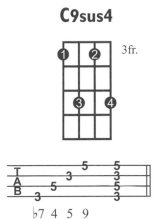

3fr.

```
T-------5---5--
A----3------3--
A--5-------5--
B-3--------3--
```

♭7 4 5 9

C9sus4

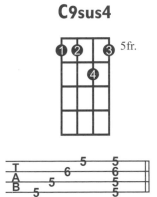

5fr.

```
T-------5---5--
A----6------6--
A--5-------5--
B-5--------5--
```

1 4 ♭7 9

C9sus4

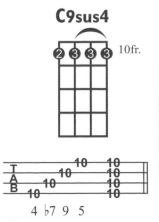

10fr.

```
T--------10---10--
A-----10------10--
A--10--------10--
B-10---------10--
```

4 ♭7 9 5

C7♭9

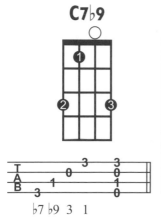

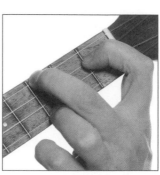

```
T          3   3
A      0       0
B    1         1
   3           0
```
♭7 ♭9 3 1

C7♭9

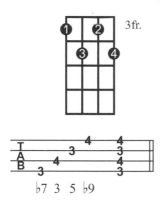

3fr.

```
T          4   4
A      3       3
B    4         4
   3           3
```
♭7 3 5 ♭9

C7♭9

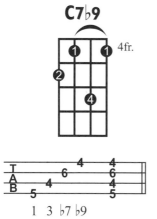

4fr.

```
T          4   4
A      6       6
B    4         4
   5           5
```
1 3 ♭7 ♭9

C7♭9

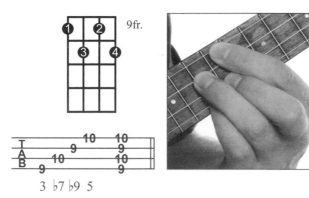

9fr.

```
T          10   10
A      9        9
B    10         10
   9            9
```
3 ♭7 ♭9 5

C

C7#9

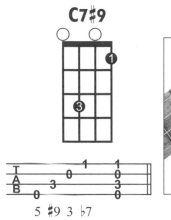

```
T        1   1
A     0      0
B   3        3
  0          0
```

5 #9 3 b7

C7#9

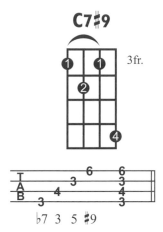

3fr.

```
T        6   6
A     3      3
B   4        4
  3          3
```

b7 3 5 #9

C7#9

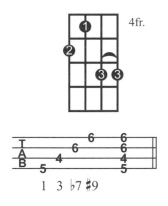

4fr.

```
T        6   6
A     6      6
B   4        4
  5          5
```

1 3 b7 #9

C7#9

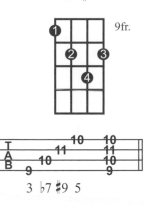

9fr.

```
T          10   10
A       11      11
B    10         10
   9            9
```

3 b7 #9 5

C7#5#9

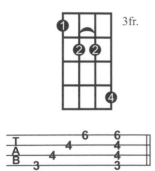

3fr.

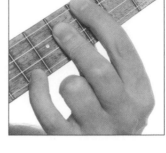

```
T        6   6
A     4  4   4
B  3  4      4
   3         3
```

♭7 3 #5 #9

C7#5♭9

3fr.

```
T        4   4
A     4  4   4
B  3  4      4
   3         3
```

♭7 3 #5 ♭9

C7#9#5

9fr.

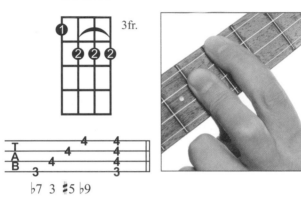

```
T         11   11
A     11  11   11
B  10     10   10
   9           9
```

3 ♭7 #9 #5

C7♭9♭5

9fr.

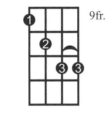

```
T         9   9
A      9  9   9
B  10     10  10
   9          9
```

3 ♭7 ♭9 ♭5

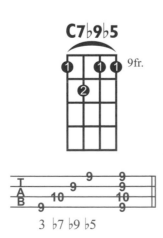

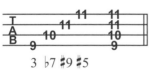

C13

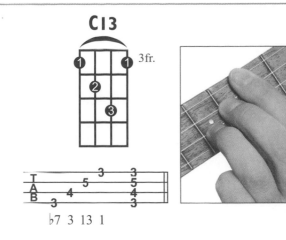

3fr.

```
T        3   3
A      5     5
B    4       4
     3       3
```

♭7 3 13 1

C13

9fr.

```
T        12  12
A     10     10
B   10       10
    9        9
```

3 ♭7 9 13

C13sus4

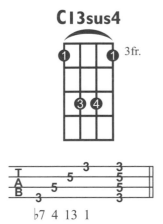

3fr.

```
T        3   3
A      5     5
B    5       5
     3       3
```

♭7 4 13 1

C13sus4

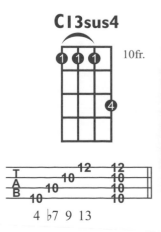

10fr.

```
T        12  12
A     10     10
B   10       10
    10       10
```

4 ♭7 9 13

Cm7♭5

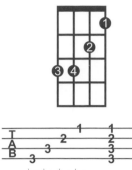

```
T           1   1
A       2       2
B   3       3   3
    3           3
```
♭7 ♭3 ♭5 ♭7

Cm7♭5

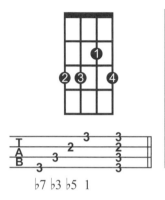

```
T           3   3
A       2       2
B   3       3   3
    3           3
```
♭7 ♭3 ♭5 1

Cm7♭5

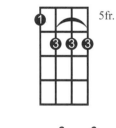
5fr.

```
T           6   6
A       6       6
B   5       6   5
    5           5
```
1 ♭5 ♭7 ♭3

Cm7♭5

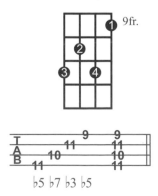
9fr.

```
T           9    9
A       11       11
B   10      10   10
    11           11
```
♭5 ♭7 ♭3 ♭5

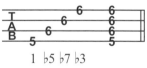

C

C°7

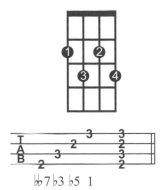

```
T          3     3
A       2        3
B    3     3     2
   2             2
```
♭♭7 ♭3 ♭5 1

C°7

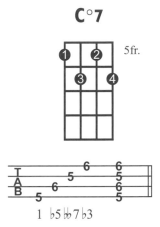

5fr.

```
T          6     6
A       5        5
B    6     6     5
   5             5
```
1 ♭5 ♭♭7 ♭3

C°7

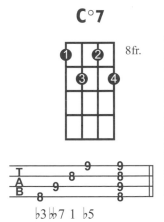

8fr.

```
T          9     9
A       8        8
B    9     9     8
   8             8
```
♭3 ♭♭7 1 ♭5

C°7

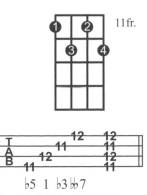

11fr.

```
T          12    12
A       11        11
B    12     12    12
   11             11
```
♭5 1 ♭3 ♭♭7

Db

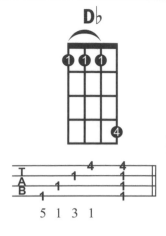

```
T           4       4
A       1           1
B   1               1
  1                 1
```

5 1 3 1

Db

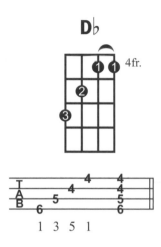

4fr.

```
T           4       4
A       4           4
B   5               5
  6                 6
```

1 3 5 1

Db

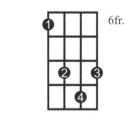

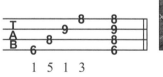

6fr.

```
T           8       8
A       9           9
B   8               8
  6                 6
```

1 5 1 3

Db

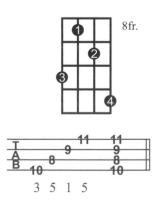

8fr.

```
T           11      11
A       9           9
B   8               8
  10                10
```

3 5 1 5

D♭sus4

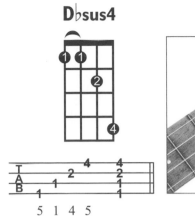

```
T        4    4
A     2       2
B  1          1
   1          1
```

5 1 4 5

D♭sus4

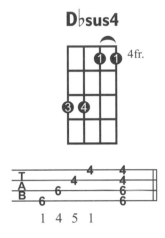

4fr.

```
T        4    4
A     4       4
B  6     6    6
   6          6
```

1 4 5 1

D♭sus4

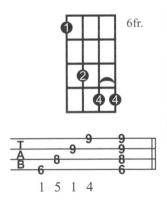

6fr.

```
T        9    9
A     9       9
B  6     8    8
         6    6
```

1 5 1 4

D♭sus4

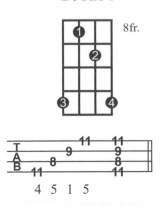

8fr.

```
T        11   11
A     9       9
B  11    8    8
              11
```

4 5 1 5

D♭maj6

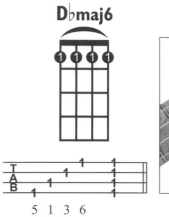

```
T        1   1
A      1     1
B    1       1
   1         1
```

5   1   3   6

D♭maj6

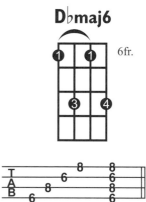

4fr.

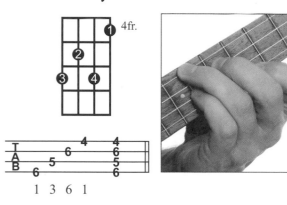

```
T        4   4
A      6     6
B    5       5
   6         6
```

1   3   6   1

D♭maj6

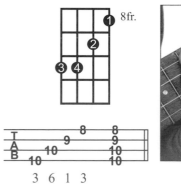

6fr.

```
T        8   8
A      6     6
B    8       8
   6         6
```

1   5   6   3

D♭maj6

8fr.

```
T        8    8
A      9      9
B    10      10
   10       10
```

3   6   1   3

D♭maj6/9

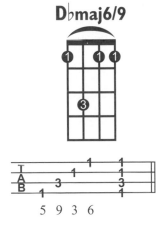

```
T        1  1
A     1     1
B  3  3     3
   1        1
```

5 9 3 6

D♭maj6/9

3fr.

```
T        4  4
A     4     4
B  3  3     3
   3        3
```

6 9 5 1

D♭maj6/9

5fr.

```
T        6  6
A     6     6
B  5  5     5
   6        6
```

1 3 6 9

D♭maj6/9

10fr.

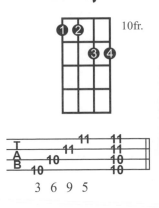

```
T         11  11
A     11      11
B  10  10     10
   10         10
```

3 6 9 5

D♭maj7

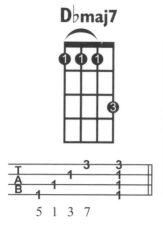

```
T        3   3
A     1      1
B  1     1   1
   1         1
```
5 1 3 7

D♭maj7

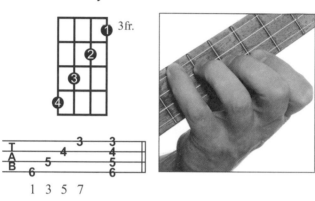

3fr.

```
T        3   3
A     4      4
B  5         5
   6         6
```
1 3 5 7

D♭maj7

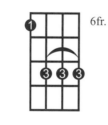

6fr.

```
T        8   8
A     8      8
B  8         8
   6         6
```
1 5 7 3

D♭maj7

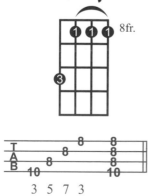

8fr.

```
T        8    8
A     8       8
B  8          8
   10         10
```
3 5 7 3

D♭m

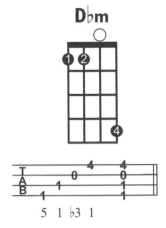

```
T|---------4----4--
A|----0---------0--
B|----1---1-----1--
 |----1---------1--
```
5 1 ♭3 1

D♭m

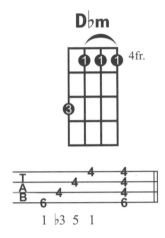
4fr.

```
T|---------4----4--
A|-----4--------4--
B|----4---------4--
 |--6-----------6--
```
1 ♭3 5 1

D♭m

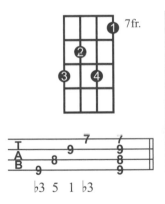
7fr.

```
T|---------7----7--
A|----9---------9--
B|------8-------8--
 |--9-----------9--
```
♭3 5 1 ♭3

D♭m

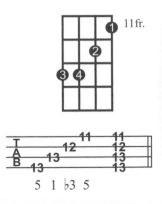
11fr.

```
T|----------11----11--
A|-----12---------12--
B|-----13---------13--
 |--13------------13--
```
5 1 ♭3 5

D♭m6

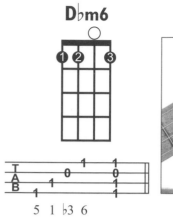

```
T           1   1
A       0       0
B     1         1
    1           1
```

5 1 ♭3 6

D♭m6

3fr.

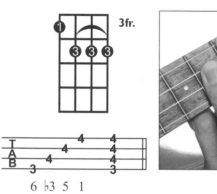

```
T           4   4
A       4       4
B     4         4
    3           3
```

6 ♭3 5 1

D♭m6

6fr.

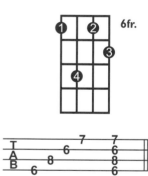

```
T           7   7
A       6       6
B     8         8
    6           6
```

1 5 6 ♭3

D♭m6

10fr.

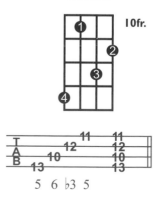

```
T           11   11
A       12       12
B     10         10
    13           13
```

5 6 ♭3 5

Dbm7

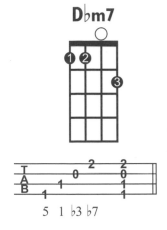

```
T        2   2
A    0       0
B  1         1
   1         1
```

5 1 b3 b7

Db

Dbm7

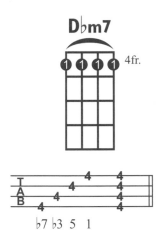

4fr.

```
T       4   4
A     4     4
B   4       4
  4         4
```

b7 b3 5 1

Dbm7

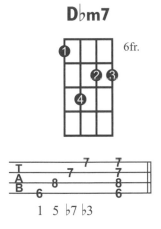

6fr.

```
T       7   7
A     7     7
B   8       8
  6         6
```

1 5 b7 b3

Dbm7

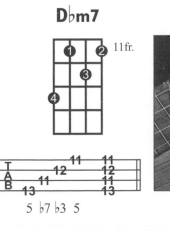

11fr.

```
T        11   11
A     12      12
B   11        11
  13          13
```

5 b7 b3 5

Dbm9

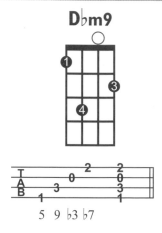

```
T      2  2
A    0    0
B  3    3
   1      1
```

5 9 b3 b7

Dbm9

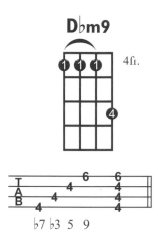
4fr.

```
T      6  6
A    4    4
B  4    4
   4      4
```

b7 b3 5 9

Dbm9

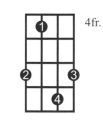
4fr.

```
T      6  6
A    7    7
B  4    4
   6      6
```

1 b3 b7 9

Dbm9

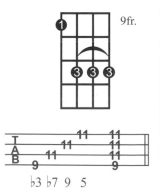
9fr.

```
T      11  11
A    11    11
B  11    11
   9       9
```

b3 b7 9 5

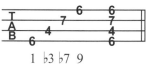

D♭m(maj7)

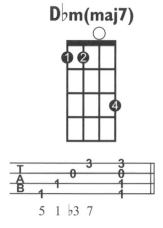

```
T        3   3
A      0     0
B    1       1
   1         1
```
5 1 ♭3 7

D♭m(maj7)

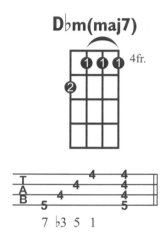

4fr.

```
T        4   4
A      4     4
B    4       4
   5         5
```
7 ♭3 5 1

D♭m(maj7)

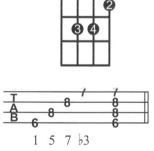

6fr.

```
T        7   7
A      8     8
B    6       6
```
1 5 7 ♭3

D♭m(maj7)

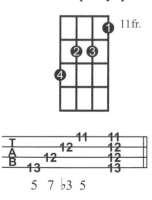

11fr.

```
T         11   11
A       12     12
B     12       12
   13          13
```
5 7 ♭3 5

D♭

D♭7

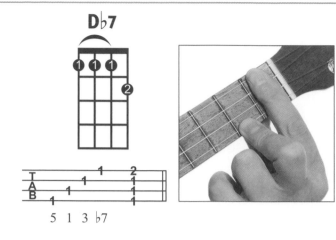

```
T       1   2
A     1     1
B   1       1
  1         1
```

5 1 3 ♭7

D♭7

4fr.

```
T       4   4
A     4     4
B   5       5
  4         4
```

♭7 3 5 1

D♭7

6fr.

```
T       8   8
A     7     7
B   8       8
  6         6
```

1 5 ♭7 3

D♭7

9fr.

```
T       11  11
A     9     9
B   11      11
  10        10
```

3 ♭7 1 5

D♭7sus4

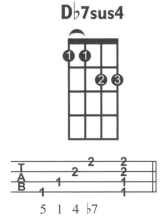

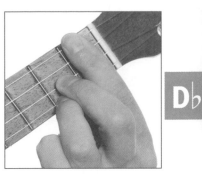

```
T          2    2
A       2       2
B    1          1
   1            1
```
5 1 4 ♭7

D♭7sus4

4fr.

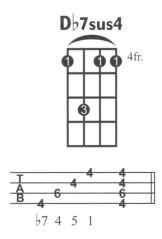

```
T          4    4
A       4       4
B    6          6
   4            4
```
♭7 4 5 1

D♭7sus4

6fr.

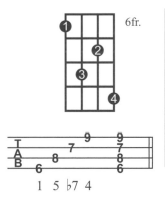

```
T          9    9
A       7       7
B    8          8
   6            6
```
1 5 ♭7 4

D♭7sus4

9fr.

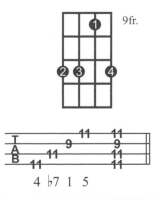

```
T          11   11
A       9        9
B    11         11
   11           11
```
4 ♭7 1 5

Db7#11

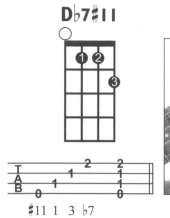

#11 1 3 b7

Db7#11

6fr.

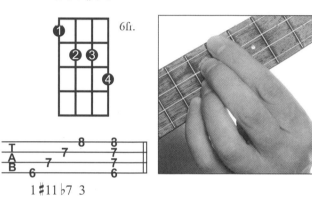

1 #11 b7 3

Db7#5

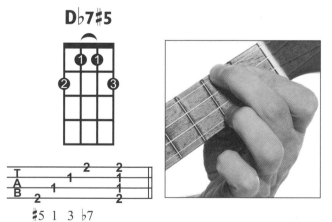

#5 1 3 b7

Db7#5

4fr.

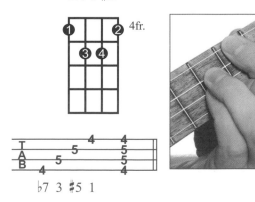

b7 3 #5 1

Db

Db9

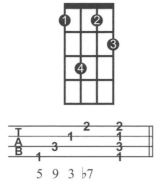

```
T          2    2
A       1       1
B     3         3
    1           1
```

5 9 3 b7

Db9

4fr.

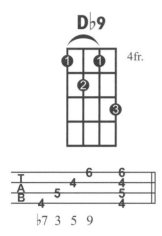

```
T          6    6
A       4       4
B     5         5
    4           4
```

b7 3 5 9

Db9

5fr.

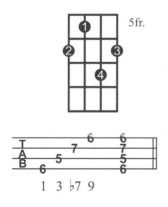

```
T          6    6
A       7       7
B     5         5
    6           6
```

1 3 b7 9

Db9

10fr.

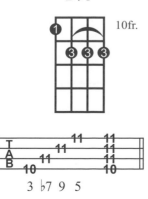

```
T             11   11
A          11      11
B       11         11
    10             10
```

3 b7 9 5

Db9sus4

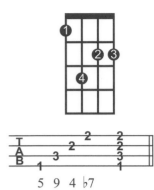

```
T           2     2
A       2   2     2
B     3           3
    1             1
```

5 9 4 b7

Db9sus4

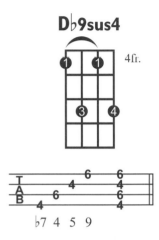

4fr.

```
T           6     6
A       4         4
B     6           6
    4             4
```

b7 4 5 9

Db9sus4

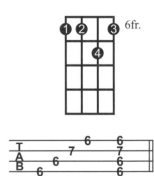

6fr.

```
T           6     6
A       7         7
B     6           6
    6             6
```

1 4 b7 9

Db9sus4

11fr.

```
T            11    11
A        11        11
B     11           11
    11             11
```

4 b7 9 5

Db7b9

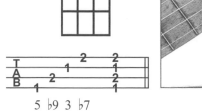

```
T           2   2
A       1       1
B     2         2
    1           1
```
5 b9 3 b7

Db7b9

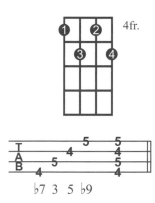
4fr.

```
T           5   5
A       4       4
B     5         5
    4           4
```
b7 3 5 b9

Db7b9

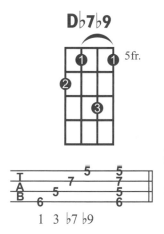
5fr.

```
T           5   5
A       7       7
B     5         5
    6           6
```
1 3 b7 b9

Db7b9

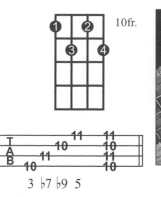
10fr.

```
T           11   11
A       10       10
B     11         11
    10           10
```
3 b7 b9 5

Db

Db7#9

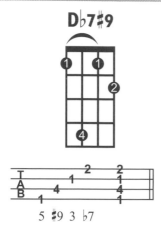

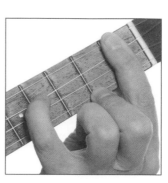

```
T        2   2
A     1      1
B   4        4
  1          1
```
5 #9 3 b7

Db7#9

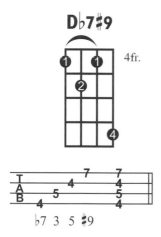

4fr.

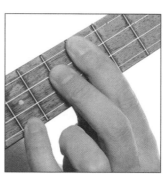

```
T        7   7
A     4      4
B   5        5
  4          4
```
b7 3 5 #9

Db7#9

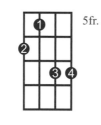

5fr.

```
T        7   7
A     7      7
B   5        5
  6          6
```
1 3 b7 #9

Db7#9

10fr.

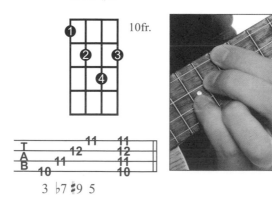

```
T        11  11
A     12     12
B   11       11
  10         10
```
3 b7 #9 5

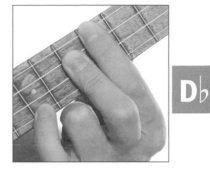

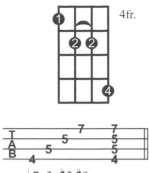

Db7#5#9

4fr.

```
T---------7----7--
A-----5--------5--
B---5----------5--
----4----------4--
```

♭7 3 #5 #9

Db7#5♭9

4fr.

```
T---------5----5--
A-----5--------5--
B---5----------5--
----4----------4--
```

♭7 3 #5 ♭9

Db7#9#5

10fr.

```
T---------12---12--
A-----12-------12--
B---11---------11--
----10---------10--
```

3 ♭7 #9 #5

Db7♭9♭5

10fr.

```
T---------10---10--
A-----10-------10--
B---11---------11--
----10---------10--
```

3 ♭7 ♭9 ♭5

Db

Db13

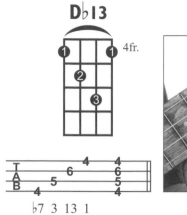

4fr.

```
T           4     4
A       6         6
B     5           5
    4             4
```

b7 3 13 1

Db13

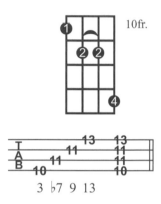

10fr.

```
T           13    13
A       11        11
B     11          11
    10            10
```

3 b7 9 13

Db13sus4

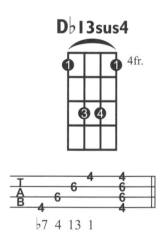

4fr.

```
T           4     4
A       6         6
B     6           6
    4             4
```

b7 4 13 1

Db13sus4

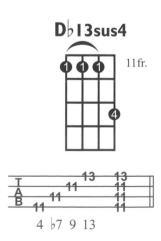

11fr.

```
T           13    13
A       11        11
B     11          11
    11            11
```

4 b7 9 13

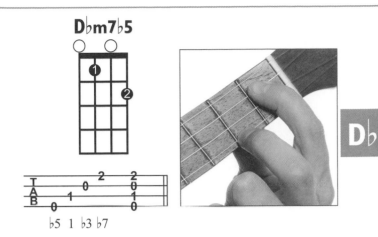

D♭m7♭5

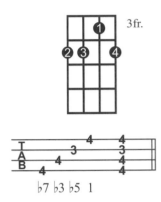

```
T        2   2
A    0       0
B  1         1
   0         0
```

♭5 1 ♭3 ♭7

D♭

D♭m7♭5

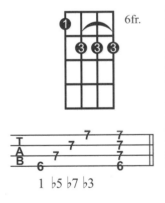

3fr.

```
T        4   4
A      3     3
B    4       4
   4         4
```

♭7 ♭3 ♭5 1

D♭m7♭5

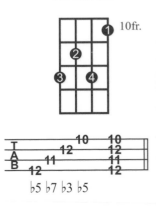

6fr.

```
T        7   7
A      7     7
B    7       7
   6         6
```

1 ♭5 ♭7 ♭3

D♭m7♭5

10fr.

```
T         10   10
A      12      12
B    11        11
   12          12
```

♭5 ♭7 ♭3 ♭5

Db°7

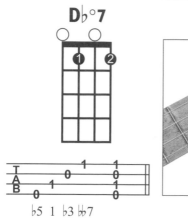

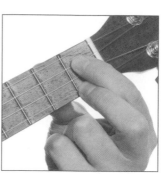

```
T         1   1
A     0
B   1         1
    0         0
```

b5 1 b3 bb7

Db°7

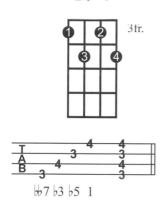

3fr.

```
T         4   4
A     3       3
B   4         4
    3         3
```

bb7 b3 b5 1

Db°7

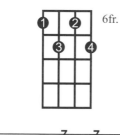

6fr.

```
T         7   7
A     6       6
B   7         7
    6         6
```

1 b5 bb7 b3

Db°7

9fr.

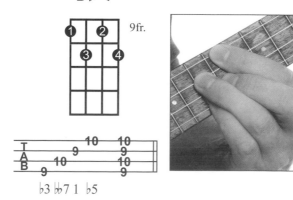

```
T         10   10
A     9         9
B   10          10
    9           9
```

b3 bb7 1 b5

D

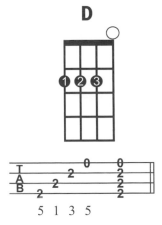

```
T        0      0
A      2        2
B    2          2
   2            2
```

5 1 3 5

D

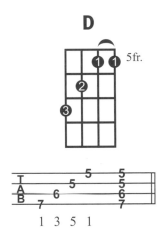

5fr.

```
T        5      5
A      5        5
B    6          6
   7            7
```

1 3 5 1

D

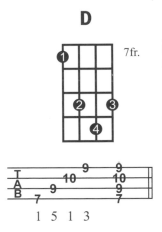

7fr.

```
T        9      9
A      10       10
B    9          9
   7            7
```

1 5 1 3

D

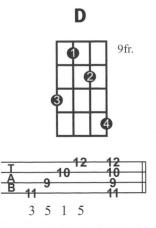

9fr.

```
T        12     12
A      10       10
B    9          9
   11           11
```

3 5 1 5

Dsus4

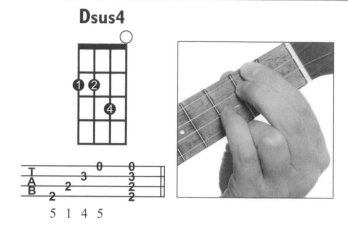

```
T        0   0
A      3     3
A    2       2
B   2        2
    2        2
```
5 1 4 5

Dsus4

5fr.

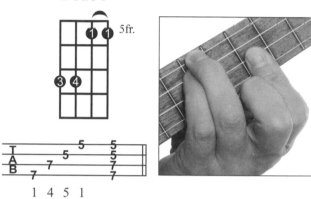

```
T       5   5
A     5     5
A   7       7
B  7        7
```
1 4 5 1

Dsus4

7fr.

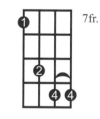

```
T        10  10
A      10     10
A    9        9
B  7          7
```
1 5 1 4

Dsus4

9fr.

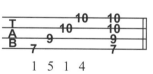
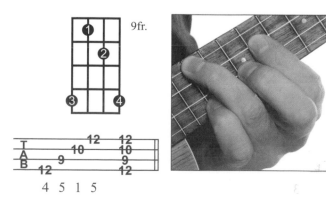

```
T         12  12
A      10     10
A    9        9
B  12         12
```
4 5 1 5

Dmaj6

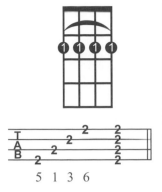

```
T        2  2
A     2     2
B  2  2     2
   2        2
```

5 1 3 6

Dmaj6

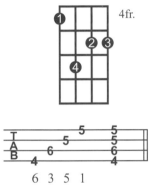

4fr.

```
T        5  5
A     5     5
B  6        6
   4        4
```

6 3 5 1

Dmaj6

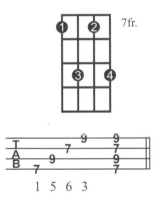

7fr.

```
T        9  9
A     7     7
B  9        9
   7        7
```

1 5 6 3

Dmaj6

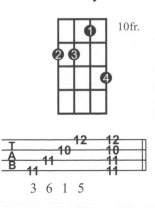

10fr.

```
T        12  12
A     10     10
B  11        11
   11        11
```

3 6 1 5

Dmaj6/9

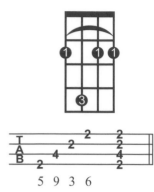

```
T           2   2
A       2       2
B   4           4
    2           2
```
5 9 3 6

Dmaj6/9

4fr.

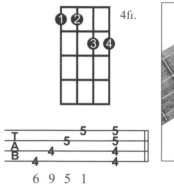

```
T           5   5
A       5       5
B   4           4
    4           4
```
6 9 5 1

Dmaj6/9

6fr.

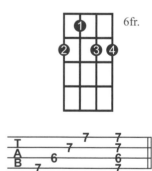

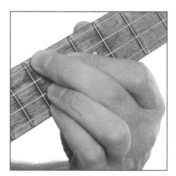

```
T           7   7
A       7       7
B   6           6
    7           7
```
1 3 6 9

Dmaj6/9

9fr.

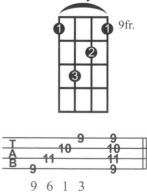

```
T           9    9
A       10       10
B   11           11
    9            9
```
9 6 1 3

Dmaj7

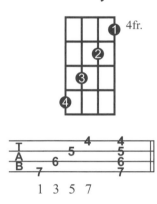

```
T        0   0
A      2     2
B    1       1
   2         2
```
5 7 3 5

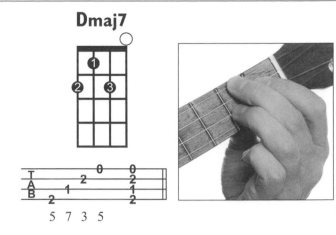

D

Dmaj7

4fr.

```
T        4   4
A      5     5
B    6       6
   7         7
```
1 3 5 7

Dmaj7

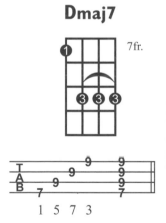
7fr.

```
T        9   9
A      9     9
B    9       9
   7         7
```
1 5 7 3

Dmaj7

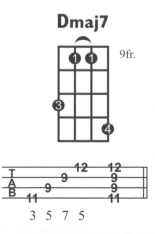
9fr.

```
T        12  12
A      9     9
B    9       9
   11        11
```
3 5 7 5

Dm

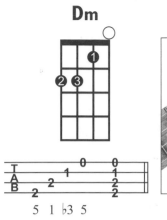

```
T        0   0
A      1     1
B    2   2   2
   2         2
```
5 1 ♭3 5

Dm

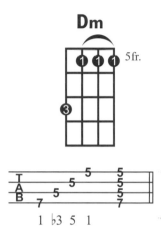

5fr.

```
T        5   5
A      5     5
B    5       5
   7         7
```
1 ♭3 5 1

Dm

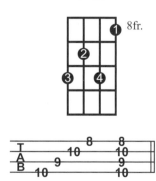

8fr.

```
T        8   8
A      10    10
B    9       9
   10        10
```
♭3 5 1 ♭3

Dm

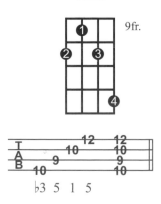

9fr.

```
T       12   12
A     10     10
B   9        9
   10        10
```
♭3 5 1 5

Dm6

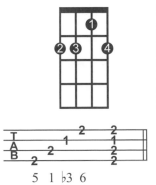

5 1 ♭3 6

D

Dm6

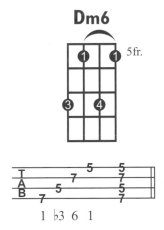
5fr.

1 ♭3 6 1

Dm6

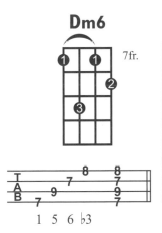
7fr.

1 5 6 ♭3

Dm6

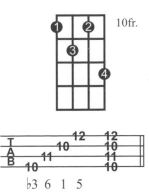
10fr.

♭3 6 1 5

Dm7

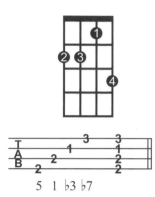

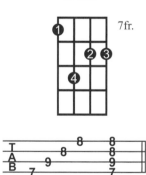

5 1 ♭3 ♭7

Dm7

5fr.

♭7 ♭3 5 1

Dm7

7fr.

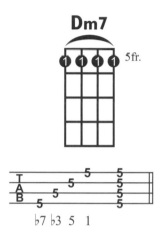

1 5 ♭7 ♭3

Dm7

12fr.

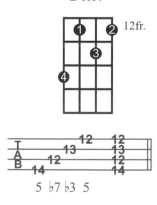

5 ♭7 ♭3 5

Dm9

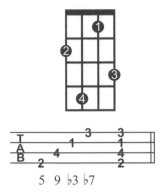

5 9 b3 b7

D

Dm9

5fr.

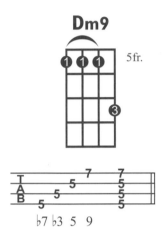
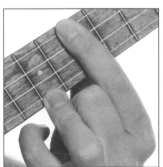

b7 b3 5 9

Dm9

5fr.

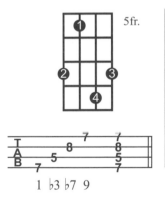

1 b3 b7 9

Dm9

10fr.

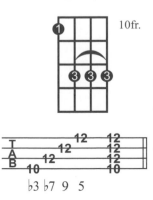

b3 b7 9 5

Dm(maj7)

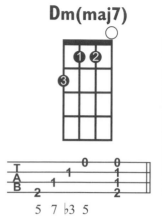

```
T          0    0
A       1       1
B    1          1
  2             2
```
5 7 ♭3 5

Dm(maj7)

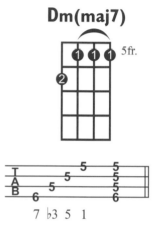

5fr.

```
T          5    5
A       5       5
B    5          5
  6             6
```
7 ♭3 5 1

Dm(maj7)

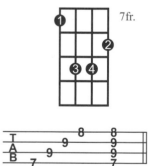

7fr.

```
T          8    8
A       9       9
B    9          9
  7             7
```
1 5 7 ♭3

Dm(maj7)

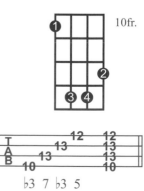

10fr.

```
T          12   12
A       13      13
B    13         13
  10            10
```
♭3 7 ♭3 5

D7

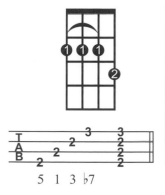

```
T         3   3
A       2     2
B     2       2
  2           2
```
5 1 3 ♭7

D

D7

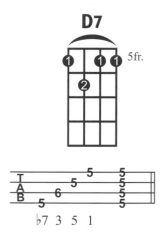

5fr.

```
T         5   5
A       5     5
B     6       5
  5           5
```
♭7 3 5 1

D7

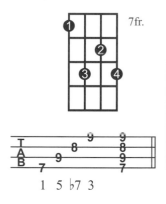

7fr.

```
T         9   9
A       8     8
B     9       9
  7           7
```
1 5 ♭7 3

D7

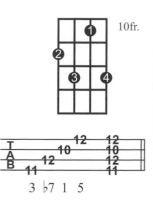

10fr.

```
T           12  12
A        10     10
B     12        12
  11            11
```
3 ♭7 1 5

D7sus4

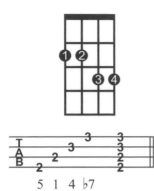

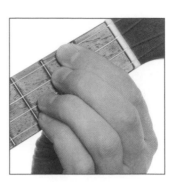

```
T         3   3
A       3     3
B     2       2
    2         2
```

5 1 4 ♭7

D7sus4

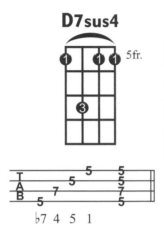

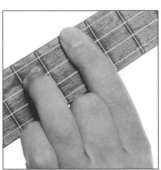

5fr.

```
T         5   5
A       5     5
B     7       7
    5         5
```

♭7 4 5 1

D7sus4

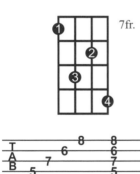

7fr.

```
T         8   8
A       6     6
B     7       7
    5         5
```

1 5 ♭7 4

D7sus4

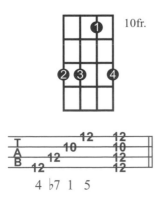

10fr.

```
T          12   12
A        10      10
B      12        12
    12           12
```

4 ♭7 1 5

D7#11

4fr.

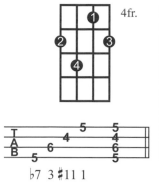

```
T------5---5--
A----4-----4--
B--6-------6--
---5-------5--
```
♭7 3 #11 1

D7#11

7fr.

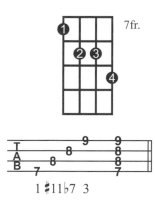

```
T------9---9--
A----8-----8--
B--8-------8--
---7-------7--
```
1 #11 ♭7 3

D7#5

5fr.

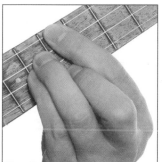

```
T------5---5--
A----6-----6--
B--6-------6--
---5-------5--
```
♭7 3 #5 1

D7#5

10fr.

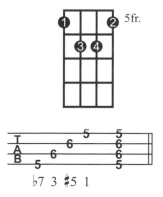

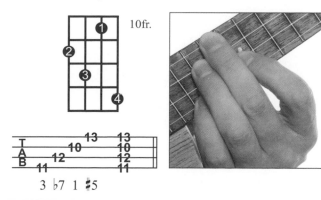

```
T--------13---13--
A------10-----10--
B----12-------12--
---11---------11--
```
3 ♭7 1 #5

D

D9

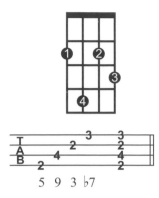

5 9 3 ♭7

D9

2fr.

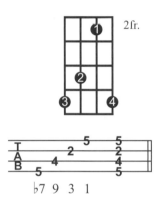

♭7 9 3 1

D9

6fr.

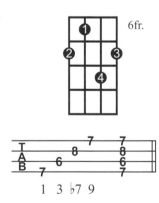

1 3 ♭7 9

D9

11fr.

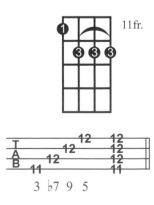

3 ♭7 9 5

D9sus4

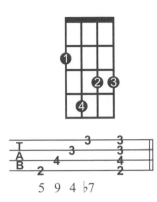

```
T       3   3
A     3     3
B   4       4
  2         2
```

5 9 4 ♭7

D9sus4

3fr.

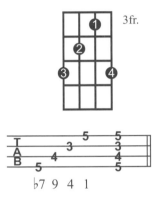

```
T       5   5
A     3     3
B   4       4
  5         5
```

♭7 9 4 1

D9sus4

7fr.

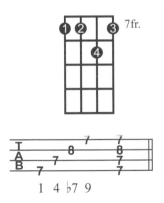

```
T       7   7
A     8     8
B   7       7
  7         7
```

1 4 ♭7 9

D9sus4

12fr.

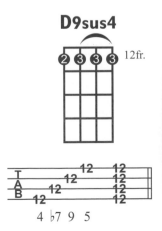

```
T         12   12
A       12     12
B     12       12
  12           12
```

4 ♭7 9 5

D7♭9

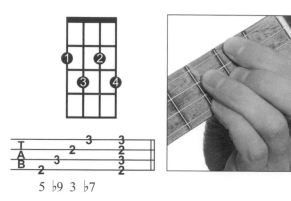

```
T         3   3
A       2 2   2
B     3   3   2
    2         2
```
5 ♭9 3 ♭7

D7♭9

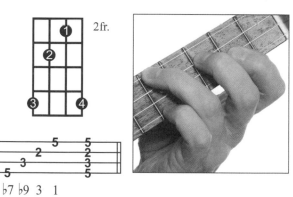

2fr.

```
T         5   5
A       2 2   2
B     3   3   2
    5         5
```
♭7 ♭9 3 1

D7♭9

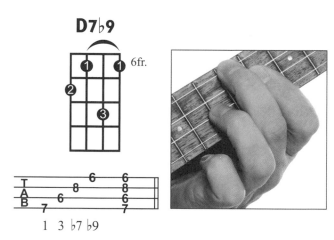

6fr.

```
T         6   6
A       8     8
B     6   6   6
    7         7
```
1 3 ♭7 ♭9

D7♭9

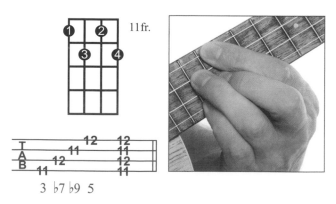

11fr.

```
T          12  12
A        11     11
B     12        12
    11          11
```
3 ♭7 ♭9 5

D7#9

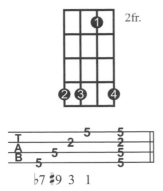
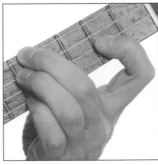

2fr.

```
T      5   5
A    2     2
B   5      5
   5       5
```

♭7 #9 3 1

D

D7#9

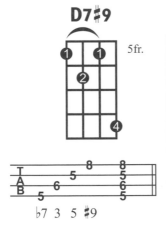
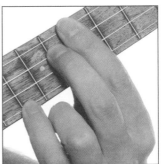

5fr.

```
T        8   8
A      5     5
B    6       6
   5         5
```

♭7 3 5 #9

D7#9

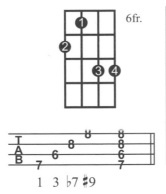

6fr.

```
T        8   8
A      8     8
B    6       6
   7         7
```

1 3 ♭7 #9

D7#9

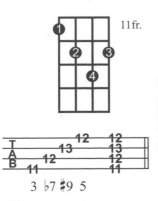

11fr.

```
T        12  12
A      13    13
B    12      12
   11        11
```

3 ♭7 #9 5

D7#5#9

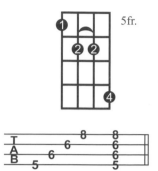

5fr.

```
T|-------8---8-|
A|----6---6-|
B|--6---6-|
   5-------5-|
```
b7 3 #5 #9

D7#5b9

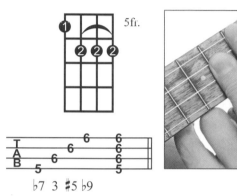

5fr.

```
T|-------6---6-|
A|----6---6-|
B|--6---6-|
   5-------5-|
```
b7 3 #5 b9

D7#9#5

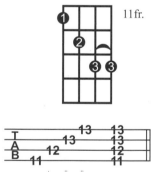

11fr.

```
T|-------13---13-|
A|----13---13-|
B|--12---12-|
   11-------11-|
```
3 b7 #9 #5

D7b9b5

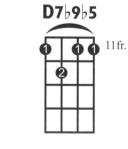

11fr.

```
T|-------11---11-|
A|----11---11-|
B|--12---12-|
   11-------11-|
```
3 b7 b9 b5

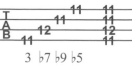

D13

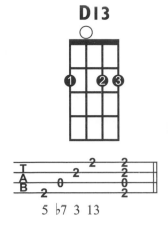

```
T      2    2
A   2      2
B  0       0
   2       2
```

5 ♭7 3 13

D

D13

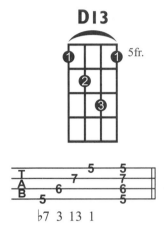

5fr.

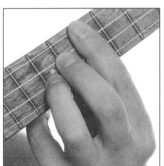

```
T      5    5
A    7      7
B  6        6
   5        5
```

♭7 3 13 1

D13sus4

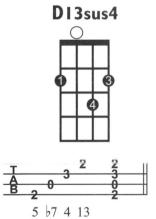

```
T      2    2
A    3      3
B  0        0
   2        2
```

5 ♭7 4 13

D13sus4

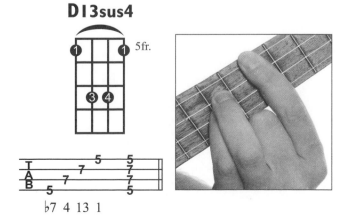

5fr.

```
T      5    5
A    7      7
B  7        7
   5        5
```

♭7 4 13 1

Dm7♭5

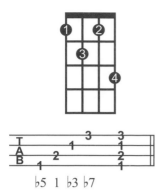

```
T        3   3
A      1     1
B    2       2
   1         1
```
♭5 1 ♭3 ♭7

Dm7♭5

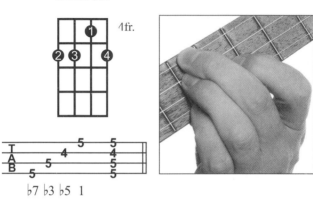

4fr.

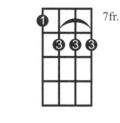

```
T        5   5
A      4     4
B    5       5
   5         5
```
♭7 ♭3 ♭5 1

Dm7♭5

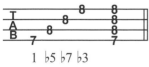

7fr.

```
T        8   8
A      8     8
B    8       8
   7         7
```
1 ♭5 ♭7 ♭3

Dm7♭5

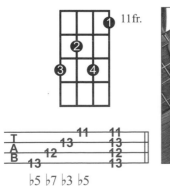

11fr.

```
T        11   11
A      13     13
B    12       12
   13         13
```
♭5 ♭7 ♭3 ♭5

D°7

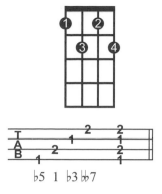

```
T       2   2
A     1     1
B   2       2
  1         1
```

♭5 1 ♭3 ♭♭7

D

D°7

4fr.

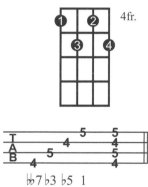

```
T       5   5
A     4     4
B   5       5
  4         4
```

♭♭7 ♭3 ♭5 1

D°7

7fr.

```
T       8   8
A     7     7
B   8       8
  7         7
```

1 ♭5 ♭♭7 ♭3

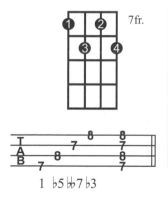

D°7

10fr.

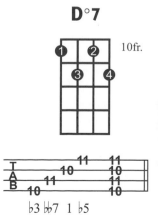

```
T       11   11
A     10     10
B   11       11
  10         10
```

♭3 ♭♭7 1 ♭5

E♭

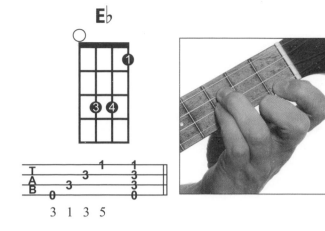

```
T          1    1
A      3        3
B      3        3
  0             0
   3  1  3  5
```

E♭

3fr.

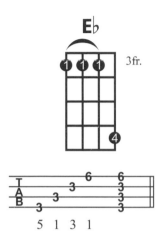

```
T          6    6
A      3        3
B      3        3
  3             3
   5  1  3  1
```

E♭

6fr.

```
T          6    6
A      6        6
B    7          7
  8             8
   1  3  5  1
```

E♭

10fr.

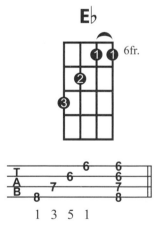

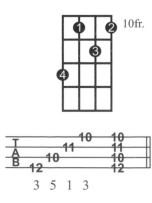

```
T         10   10
A      11       11
B    10         10
  12            12
   3  5  1  3
```

E♭sus4

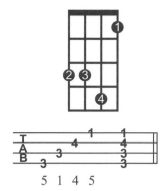

```
T        1   1
A      4     4
B    3   3   3
    3       3
```
5 1 4 5

E♭sus4

3fr.

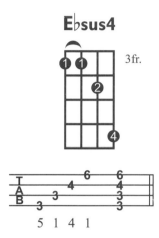
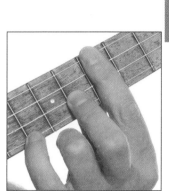

```
T        6   6
A      4     4
B    3   3   3
    3       3
```
5 1 4 1

E♭sus4

6fr.

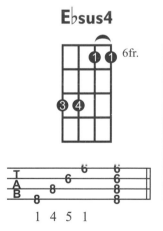

```
T        6   6
A      6     6
B    8   8   8
    8       8
```
1 4 5 1

E♭sus4

8fr.

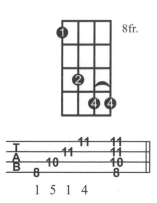

```
T        11  11
A      11    11
B    10      10
    8        8
```
1 5 1 4

E♭

E♭maj6

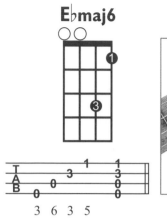

```
T        1   1
A      3     3
B    0       0
   0         0
```

3 6 3 5

E♭maj6

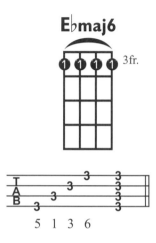

3fr.

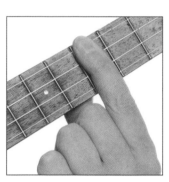

```
T        3   3
A      3     3
B    3       3
   3         3
```

5 1 3 6

E♭maj6

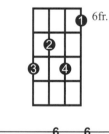

6fr.

```
T        6   6
A      8     8
B    7       7
   8         8
```

1 3 6 1

E♭maj6

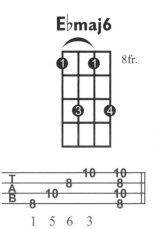

8fr.

```
T         10  10
A       8      8
B    10        10
   8           8
```

1 5 6 3

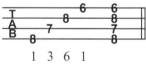

Ebmaj6/9

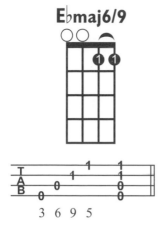

```
T        1   1
A      1     1
B    0       0
  0          0
```
3 6 9 5

Ebmaj6/9

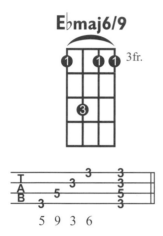
3fr.

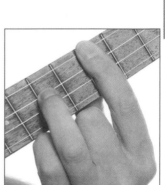

```
T        3   3
A      3     3
B    5       3
  3          3
```
5 9 3 6

Ebmaj6/9

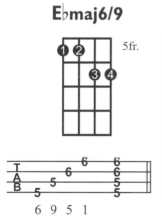
5fr.

```
T        6   6
A      6     6
B    5       5
  5          5
```
6 9 5 1

Ebmaj6/9

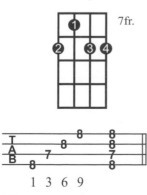
7fr.

```
T        8   8
A      8     8
B    7       7
  8          8
```
1 3 6 9

E♭maj7

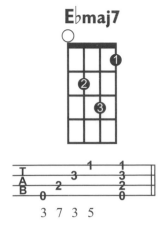

3 7 3 5

E♭maj7

3fr.

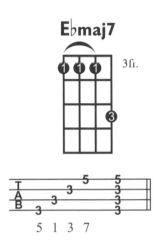

5 1 3 7

E♭maj7

5fr.

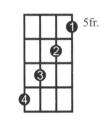

1 3 5 7

E♭maj7

8fr.

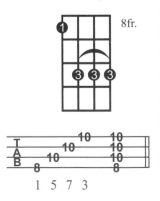

1 5 7 3

Ebm

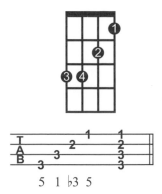

```
T-------------1----1
A--------2----2----2
B----3---3----3----3
    3
```

5 1 b3 5

Ebm

3fr.

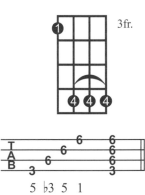

```
T-------------6----6
A--------6----6----6
B----3---6----6----3
```

5 b3 5 1

Ebm

6fr.

```
T-------------6----6
A--------6----6----6
B----8---6----8----8
```

1 b3 5 1

Ebm

9fr.

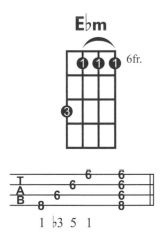

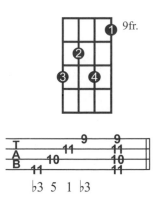

```
T--------------9----9
A--------11----11---11
B----10--10----10---10
    11
```

b3 5 1 b3

Ebm6

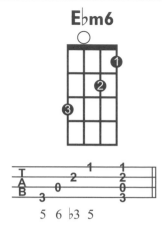

```
T        1   1
A      2     2
B   0        0
    3        3
```
5 6 b3 5

Ebm6

```
T        3   3
A      2     2
B    3       3
   3         3
```
5 1 b3 6

Ebm6

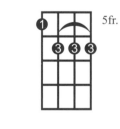

5fr.

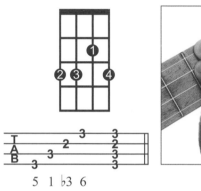

```
T        6   6
A      6     6
B    6       6
   5         5
```
6 b3 5 1

Ebm6

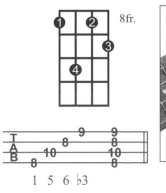

8fr.

```
T        9   9
A    8       8
B  10       10
   8         8
```
1 5 6 b3

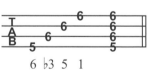

Ebm7

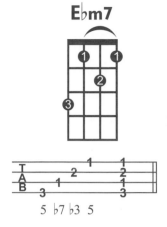

```
T        1   1
A     2      2
B  1         1
   3         3
```

5 b7 b3 5

Ebm7

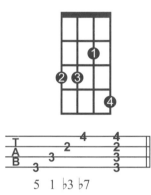

```
T        4   4
A     2      2
B  3  3      3
   3         3
```

5 1 b3 b7

Ebm7

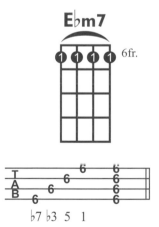

6fr.

```
T        6   6
A     6      6
B  6  6      6
```

b7 b3 5 1

Ebm7

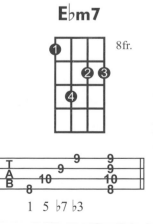

8fr.

```
T        9   9
A     9      9
B  10        10
   8         8
```

1 5 b7 b3

E♭m9

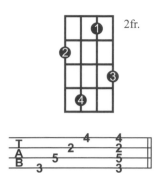

2fr.

```
T        4    4
A     2     2
B  5     5
   3     3
```

5 9 ♭3 ♭7

E♭m9

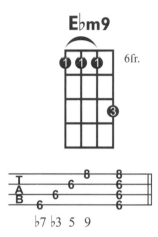

6fr.

```
T     8    8
A   6     6
B  6     6
   6     6
```

♭7 ♭3 5 9

E♭m9

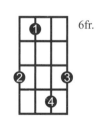

6fr.

```
T     8    8
A   9     9
B  6     6
   8     8
```

1 ♭3 ♭7 9

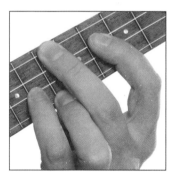

E♭m9

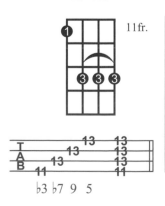

11fr.

```
T        13   13
A     13    13
B  13     13
   11     11
```

♭3 ♭7 9 5

Ebm(maj7)

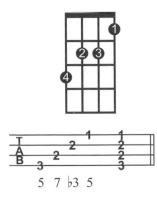

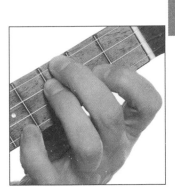

5 7 b3 5

Ebm(maj7)

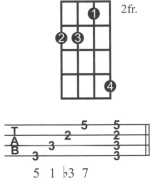

2fr.

Eb

5 1 b3 7

Ebm(maj7)

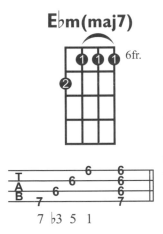

6fr.

7 b3 5 1

Ebm(maj7)

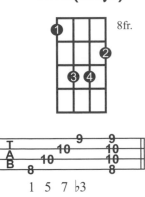

8fr.

1 5 7 b3

E♭7

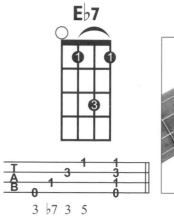

```
T          1   1
A      3       1
B  0   1       0
```

3 ♭7 3 5

E♭7

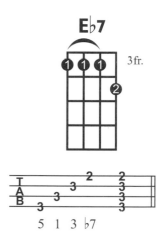

3fr.

```
T          2   2
A      3       3
B  3   3       3
```

5 1 3 ♭7

E♭7

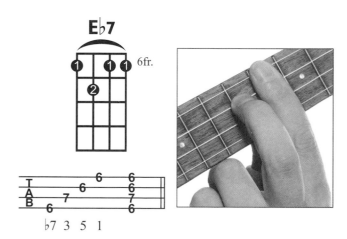

6fr.

```
T          6   6
A      6       6
B  6   7       6
```

♭7 3 5 1

E♭7

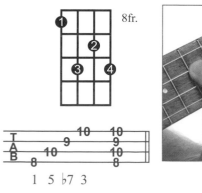

8fr.

```
T          10  10
A      9        9
B  8   10       8
```

1 5 ♭7 3

Eb7sus4

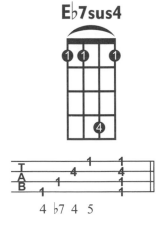

```
T        1   1
A      4     4
B    1       1
   1         1
```
4 b7 4 5

Eb7sus4

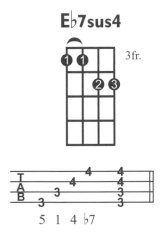
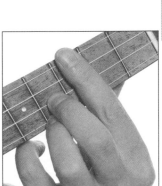

3fr.

```
T        4   4
A      4     4
B    3       3
   3         3
```
5 1 4 b7

Eb7sus4

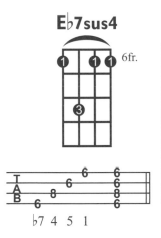

6fr.

```
T        6   6
A      6     6
B    8       8
   6         6
```
b7 4 5 1

Eb7sus4

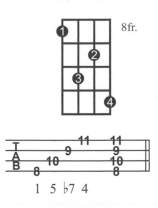

8fr.

```
T         11  11
A       9     9
B    10      10
   8         8
```
1 5 b7 4

Eb

Eb7♯11

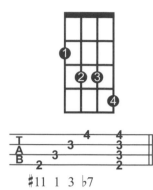

```
    4   4
T     3   3
A   3   3
B 2       2
```

♯11 1 3 b7

Eb7♯11

8fr.

```
      10  10
T     9   9
A   9   9
B 8       8
```

1 ♯11 b7 3

Eb7♯5

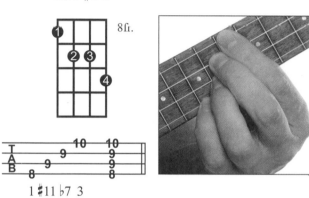

3fr.

```
    4   4
T     3   3
A   3   3
B 4       4
```

♯5 1 3 b7

Eb7♯5

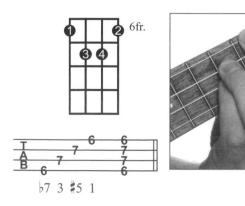

6fr.

```
      6   6
T     7   7
A   7   7
B 6       6
```

b7 3 ♯5 1

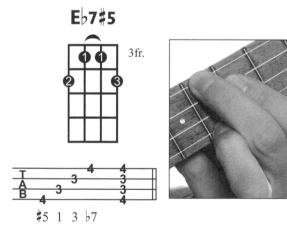

E♭9

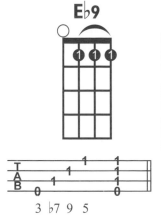

```
T          1   1
A      1       1
B   1          1
  0            0
```

3 ♭7 9 5

E♭9

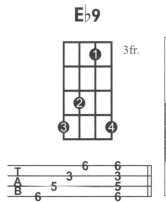

3fr.

```
T          6   6
A      3       3
B   5          5
  6            6
```

♭7 9 3 1

E♭9

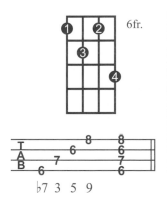

6fr.

```
T          8   8
A      6       6
B   7          7
  6            6
```

♭7 3 5 9

E♭9

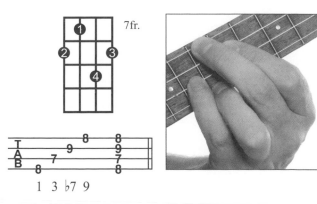

7fr.

```
T          8   8
A      9       9
B   7          7
  8            8
```

1 3 ♭7 9

E♭

E♭9sus4

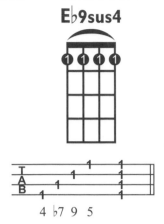

```
T         1   1
A       1     1
B     1       1
   1          1
```
4 ♭7 9 5

E♭9sus4

4fr.

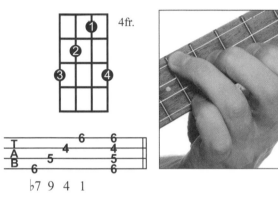

```
T         6   6
A       4     4
B     5       5
   6          6
```
♭7 9 4 1

E♭9sus4

6fr.

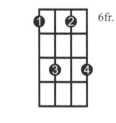

```
T         8   8
A       6     6
B     8       8
   6          6
```
♭7 4 5 9

E♭9sus4

8fr.

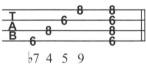
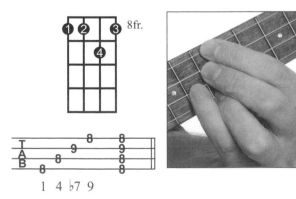

```
T         8   8
A       9     9
B     8       8
   8          8
```
1 4 ♭7 9

E♭7♭9

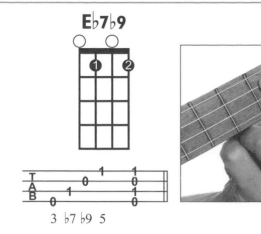

```
T        1   1
A     0      0
B  0  1      0
   0         0
```
3 ♭7 ♭9 5

E♭7♭9

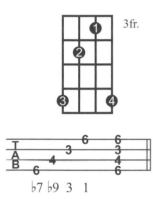
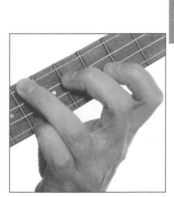

3fr.

```
T        6   6
A     3      3
B  4         4
   6         6
```
♭7 ♭9 3 1

E♭7♭9

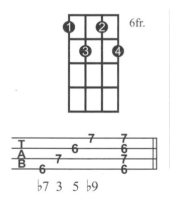

6fr.

```
T        7   7
A     6      6
B  7         7
   6         6
```
♭7 3 5 ♭9

E♭7♭9

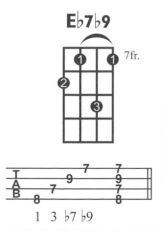

7fr.

```
T        7   7
A     9      9
B  7         7
   8         8
```
1 3 ♭7 ♭9

E♭7♯9

```
T        1  1
A     2     2
B  0  1     1
   0        0
```

3 b7 ♯9 5

E♭7♯9

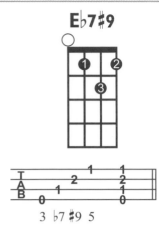

3fr.

```
T        6  6
A     3     3
B  6        6
   6        6
```

b7 ♯9 3 1

E♭7♯9

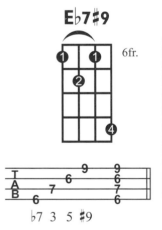

6fr.

```
T        9  9
A     6     6
B  7        7
   6        6
```

b7 3 5 ♯9

E♭7♯9

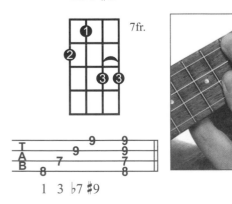

7fr.

```
T        9  9
A     9     9
B  7        7
   8        8
```

1 3 b7 ♯9

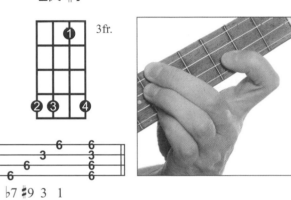

Eb7#5#9

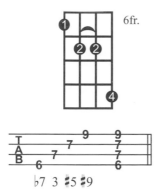
6fr.

```
T---------9---9--
A-----7-------7--
B---7-----------7-
--6---------6--
```

b7 3 #5 #9

Eb7#5b9

6fr.

Eb

```
T---------7---7--
A-----7-------7--
B---7-----------7-
--6---------6--
```

b7 3 #5 b9

Eb7#9#5

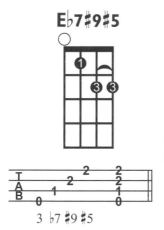

```
T---------2---2--
A-----2-------2--
B---1-----------1-
--0---------0--
```

3 b7 #9 #5

Eb7b9b5

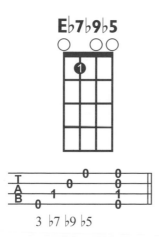

```
T---------0---0--
A-----0-------0--
B---1-----------1-
--0---------0--
```

3 b7 b9 b5

E♭13

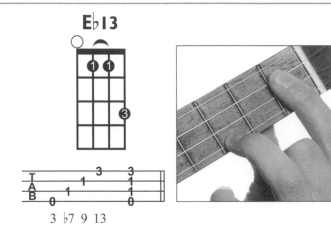

3 ♭7 9 13

E♭13

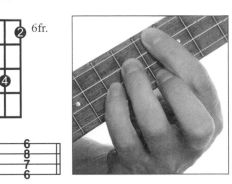

6fr.

♭7 3 13 1

E♭13sus4

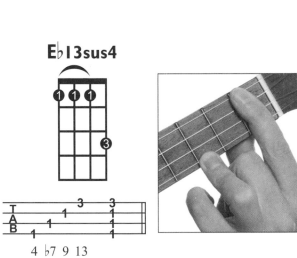

4 ♭7 9 13

E♭13sus4

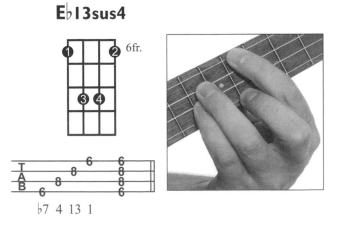

6fr.

♭7 4 13 1

E♭m7♭5

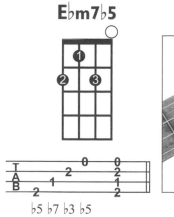

```
T----------0---0
A------2----2---2
B---1------------1
---2------------2
```

♭5 ♭7 ♭3 ♭5

E♭m7♭5

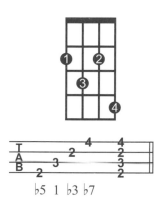

```
T----------4---4
A------2----2---2
B---3------------3
---2------------2
```

♭5 1 ♭3 ♭7

E♭m7♭5

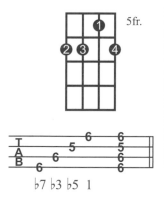

5fr.

```
T----------6---6
A------5----5---5
B---6------------6
---6------------6
```

♭7 ♭3 ♭5 1

E♭m7♭5

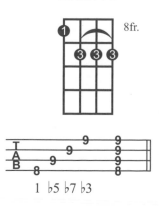

8fr.

```
T----------9---9
A------9----9---9
B---9------------9
---8------------8
```

1 ♭5 ♭7 ♭3

Eb°7

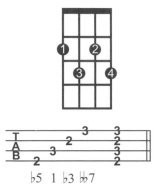

```
T          3   3
A        2     2
B      3       2
     2         2
```
b5 1 b3 bb7

Eb°7

5fr.

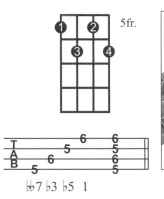

```
T          6   6
A        5     5
B      6       6
     5         5
```
bb7 b3 b5 1

Eb°7

8fr.

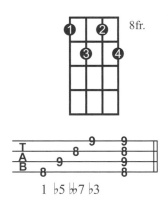

```
T          9   9
A        8     8
B      9       8
     8         8
```
1 b5 bb7 b3

Eb°7

11fr.

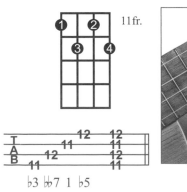

```
T          12  12
A        11     11
B      12       12
     11         11
```
b3 bb7 1 b5

E

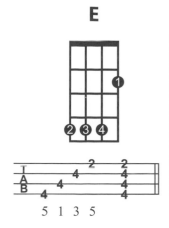

```
T        2   2
A      4     4
B    4       4
   4         4
```
5 1 3 5

E

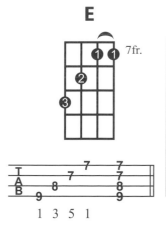 4 fr.

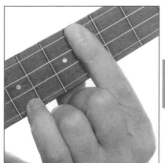

```
T        7   7
A      4     4
B    4       4
   4         4
```
5 1 3 1

E

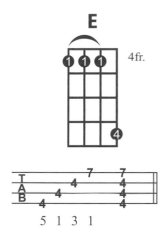 7 fr.

```
T        7   7
A      7     7
B    8       8
   9         9
```
1 3 5 1

E

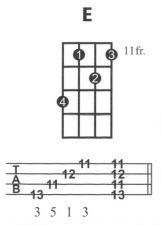 11 fr.

```
T         11   11
A       12      12
B     11        11
   13           13
```
3 5 1 3

E

Esus4

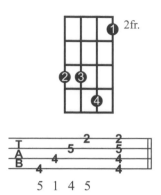

5　1　4　5

Esus4

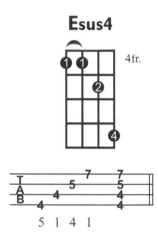
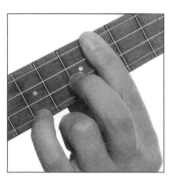

5　1　4　1

Esus4

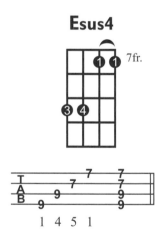

1　4　5　1

Esus4

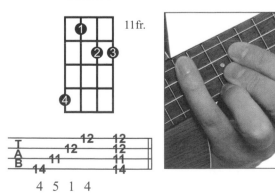

4　5　1　4

Emaj6

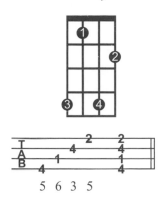

```
T--------2---2---
A----4------4---
B--1--------1---
  4--------4---
```

5 6 3 5

Emaj6

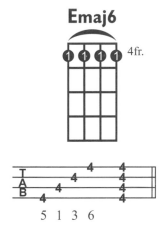

4fr.

```
T--------4---4---
A----4------4---
B--4--------4---
  4--------4---
```

5 1 3 6

Emaj6

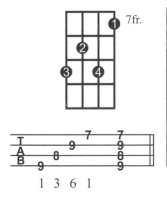

7fr.

```
T--------7---7---
A----9------9---
B--8--------8---
  9--------9---
```

1 3 6 1

Emaj6

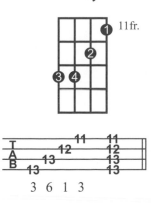

11fr.

```
T--------11---11---
A----12------12---
B--13--------13---
  13--------13---
```

3 6 1 3

Emaj6/9

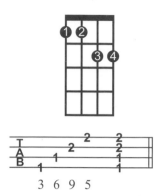

3 6 9 5

Emaj6/9

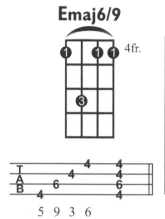

4fr.

5 9 3 6

Emaj6/9

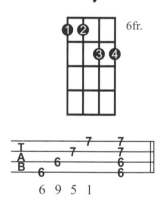

6fr.

6 9 5 1

Emaj6/9

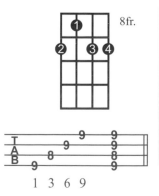

8fr.

1 3 6 9

Emaj7

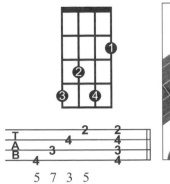

```
T         2   2
A       4   4
B     3   3
    4   4
```

5 7 3 5

Emaj7

4fr.

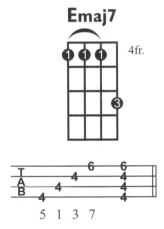

```
T         6   6
A       4   4
B     4   4
    4   4
```

5 1 3 7

Emaj7

6fr.

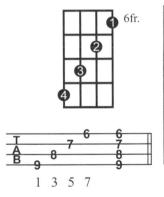

```
T         6   6
A       7   7
B     8   8
    9   9
```

1 3 5 7

Emaj7

11fr.

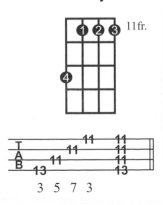

```
T         11  11
A       11  11
B     11  11
    13      13
```

3 5 7 3

Em

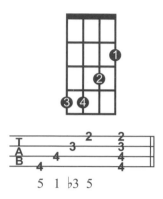

```
T        2   2
A     3      3
B   4        4
  4          4
```

5 1 ♭3 5

Em

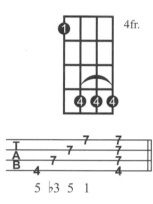

4fr.

```
T        7   7
A     7      7
B   7        7
  4          4
```

5 ♭3 5 1

Em

7fr.

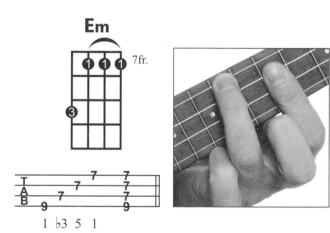

```
T        7   7
A     7      7
B   7        7
  9          9
```

1 ♭3 5 1

Em

10fr.

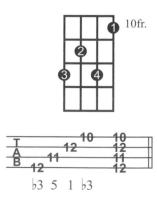

```
T        10  10
A     12     12
B   11       11
  12         12
```

♭3 5 1 ♭3

Em6

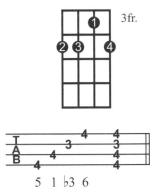

```
T        2   2
A      3     3
B    1       1
   4         4
```

5 6 b3 5

Em6

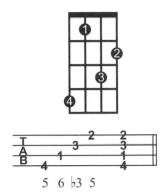

3fr.

```
T        4   4
A      3     3
B    4       4
   4         4
```

5 1 b3 6

Em6

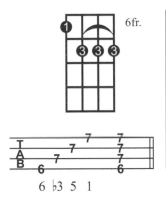

6fr.

```
T        7   7
A      7     7
B    7       7
   6         6
```

6 b3 5 1

Em6

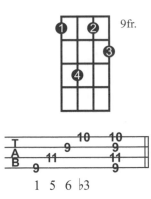

9fr.

```
T        10  10
A      9     9
B    11      11
   9         9
```

1 5 6 b3

Em7

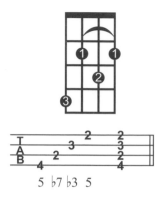

```
T      2    2
A    3      3
B  2        2
 4          4
```
5 ♭7 ♭3 5

Em7

3fr.

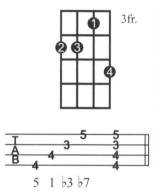

```
T      5    5
A    3      3
B  4        4
 4          4
```
5 1 ♭3 ♭7

Em7

7fr.

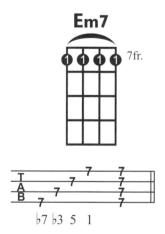

```
T      7    7
A    7      7
B  7        7
 7          7
```
♭7 ♭3 5 1

Em7

9fr.

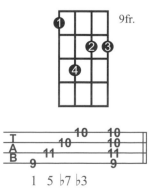

```
T      10   10
A    10     10
B  11       11
 9          9
```
1 5 ♭7 ♭3

Em9

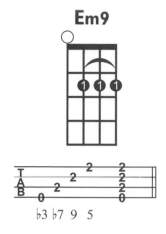

```
T         2   2
A      2  2   2
B   0     2   2
    0         0
```
♭3 ♭7 9 5

Em9

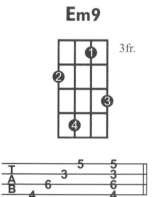
3fr.

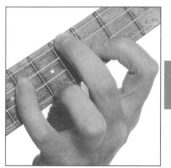

```
T         5   5
A      3  3   3
B   6     6   6
    4         4
```
5 9 ♭3 ♭7

Em9

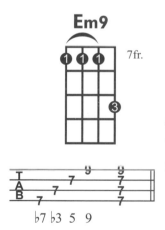
7fr.

```
T         9   9
A      7  7   7
B   7     7   7
    7         7
```
♭7 ♭3 5 9

Em9

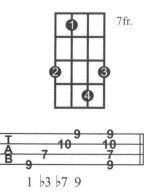
7fr.

```
T          9    9
A      10  10   10
B   7      7    7
    9           9
```
1 ♭3 ♭7 9

E

Em(maj7)

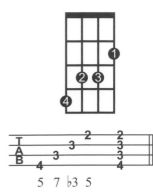

5   7   ♭3   5

Em(maj7)

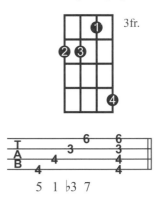

3fr.

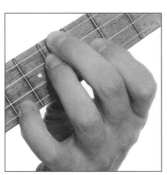

5   1   ♭3   7

Em(maj7)

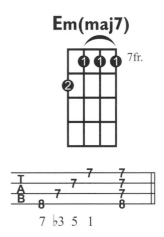

7fr.

7   ♭3   5   1

Em(maj7)

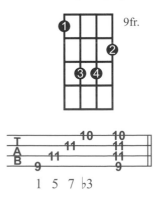

9fr.

1   5   7   ♭3

E7

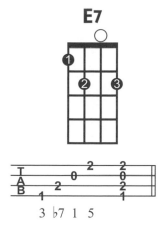

```
T         2   2
A     0       0
B   2         2
  1           1
```

3 ♭7 1 5

E7

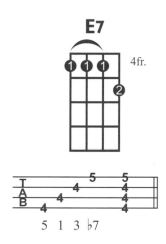

4fr.

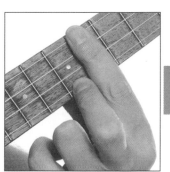

E

```
T         5   5
A     4       4
B   4         4
```

5 1 3 ♭7

E7

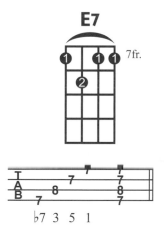

7fr.

```
T       7 ▪ 7
A     8     8
B   7       7
```

♭7 3 5 1

E7

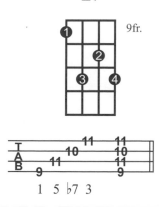

9fr.

```
T        11  11
A    10      10
B  11        11
  9          9
```

1 5 ♭7 3

E7sus4

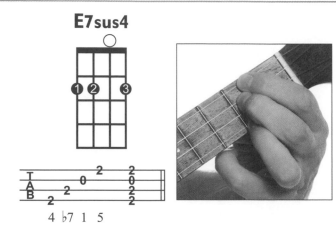

```
T        2   2
A    0       0
B  2   2     2
   2         2
```
4 b7 1 5

E7sus4

4fr.

```
T        5   5
A    5       5
B  4   4     4
   4         4
```
5 1 4 b7

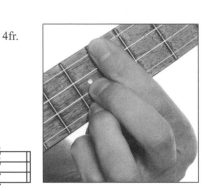

E7sus4

7fr.

```
T        7   7
A    7       7
B  9         9
   7         7
```
b7 4 5 1

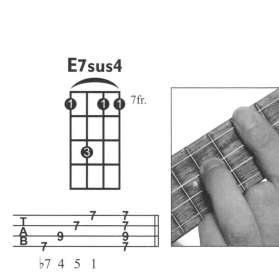

E7sus4

9fr.

```
T        12  12
A    8       8
B  11        11
   9         9
```
1 5 b7 4

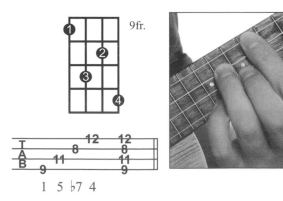

E7#11

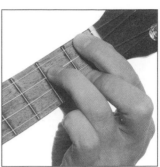

```
T         1   1
A     0       0
B   2         2
    1         1
```

3 ♭7 1 #11

E7#11

3fr.

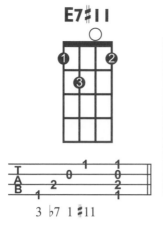

```
T         5   5
A     4       4
B   4         4
  3           3
```

#11 1 3 ♭7

E7#5

4fr.

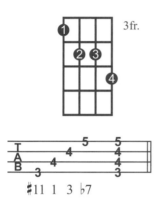

```
T         5   5
A     4       4
B   4         4
  5           5
```

#5 1 3 ♭7

E7#5

7fr.

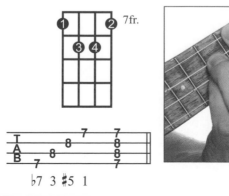

```
T         7   7
A     8       8
B   8         8
  7           7
```

♭7 3 #5 1

E

E9

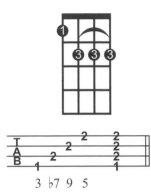

```
T         2   2
A     2   2   2
B   2         2
  1           1
```

3 ♭7 9 5

E9

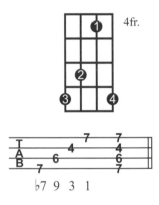

4fr.

```
T         7   7
A     4       4
B   6         6
  7           7
```

♭7 9 3 1

E9

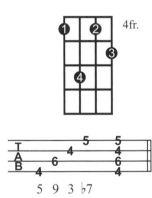

4fr.

```
T         5   5
A     4       4
B   6         6
  4           4
```

5 9 3 ♭7

E9

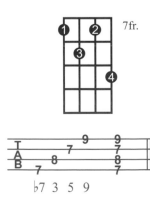

7fr.

```
T         9   9
A     7       7
B   8         8
  7           7
```

♭7 3 5 9

E9sus4

```
T          2    2
          2     2
A      2        2
B   2           2
```
4 ♭7 9 5

E9sus4

5fr.

```
T          7    7
        5       5
A     6         6
B   7           7
```
♭7 9 4 1

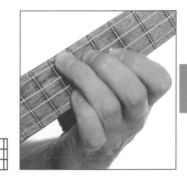

E9sus4

4fr.

```
T          5    5
        5       5
A     6         6
B   4           4
```
5 9 4 ♭7

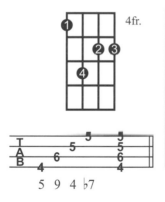

E9sus4

7fr.

```
T          9    9
        7       7
A     9         9
B   7           7
```
♭7 4 5 9

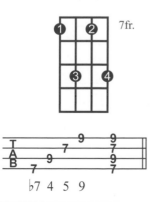

E7♭9

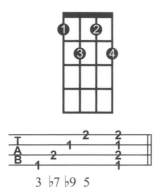

```
T        2   2
A      1     1
B    2       2
   1         1
```
3 ♭7 ♭9 5

E7♭9

4fr.

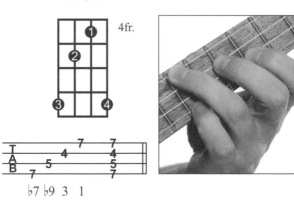

```
T        7   7
A      4     4
B    5       5
   7         7
```
♭7 ♭9 3 1

E7♭9

4fr.

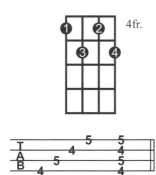

```
T        5   5
A      4     4
B    5       5
   4         4
```
5 ♭9 3 ♭7

E7♭9

8fr.

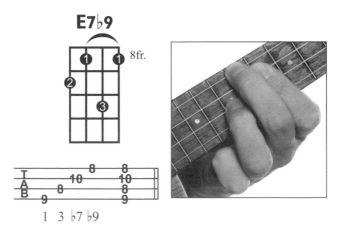

```
T        8   8
A     10     10
B    8       8
   9         9
```
1 3 ♭7 ♭9

E7#9

```
T------2---2
A----3---3
B--2---2
--1---1
```
3 b7 #9 5

E7#9

4fr.

```
T------7---7
A----4---4
B--7---7
--7---7
```
b7 #9 3 1

E7#9

4fr.

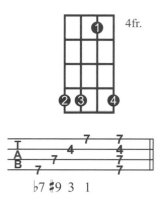

```
T------5---5
A----4---4
B--7---7
--4---4
```
5 #9 3 b7

E7#9

8fr.

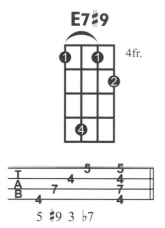

```
T------10---10
A----10---10
B--8---8
--9---9
```
1 3 b7 #9

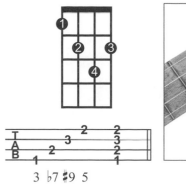
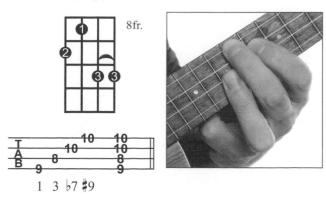

E

E7#5#9

7fr.

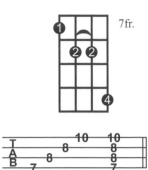

```
T          10   10
A       8        8
B    7           7
```

♭7 3 #5 #9

E7#5♭9

7fr.

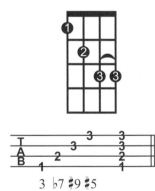

```
T          8    8
A       8        8
B    7           7
```

♭7 3 #5 ♭9

E7#9#5

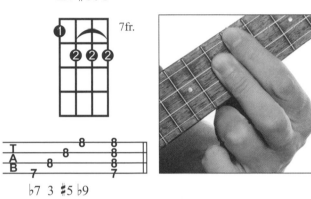

```
T          3    3
A       3        3
B    1  2        1
```

3 ♭7 #9 #5

E7♭9♭5

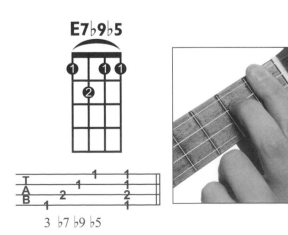

```
T          1    1
A       1        1
B    1  2        2
```

3 ♭7 ♭9 ♭5

E13

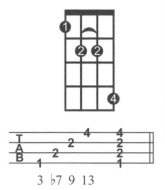

```
T        4    4
A      2      2
B    2        2
   1          1
```

3 b7 9 13

E13

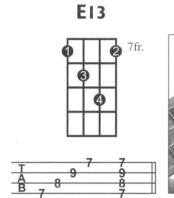

7fr.

E

```
T        7    7
A      9      9
B    8        8
   7          7
```

b7 3 13 1

E13sus4

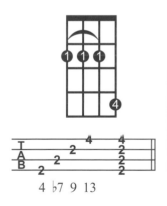

```
T        4    4
A      2      2
B    2        2
   2          2
```

4 b7 9 13

E13sus4

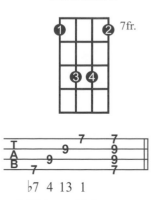

7fr.

```
T        7    7
A      9      9
B    9        9
   7          7
```

b7 4 13 1

Em7♭5

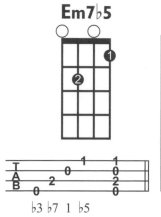

```
T           1   1
A       0       0
B     2         0
    0           0
```

♭3 ♭7 1 ♭5

Em7♭5

3fr.

```
T           5   5
A       3       3
B     4         4
    3           3
```

♭5 1 ♭3 ♭7

Em7♭5

6fr.

```
T           7   7
A       6       6
B     7         7
    7           7
```

♭7 ♭3 ♭5 1

Em7♭5

9fr.

```
T           10  10
A       10      10
B     10        10
    9           9
```

1 ♭5 ♭7 ♭3

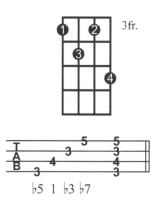
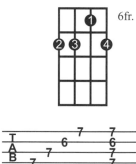
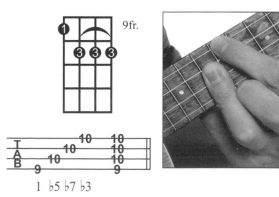

E°7

```
T---------1--1--
A-----0------0--
B--1---------0--
---0---------0--
```
♭3 ♭♭7 1 ♭5

E°7

3fr.

```
T---------4--4--
A------3------3--
B--4---------4--
---3---------3--
```
♭5 1 ♭3 ♭♭7

E°7

6fr.

```
T---------7--7--
A------6------6--
B--7---------7--
---6---------6--
```
♭♭7 ♭3 ♭5 1

E°7

9fr.

```
T---------8--8--
A------9------9--
B--8---------8--
---9---------9--
```
1 ♭5 ♭♭7 ♭3

F

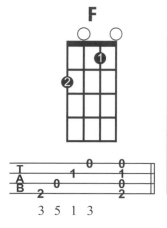

```
T        0    0
A      1      1
B    0        0
   2          2
```

3 5 1 3

F

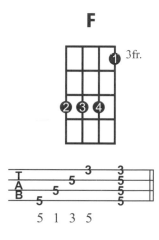

3fr.

```
T        3    3
A      5      5
B    5        5
   5          5
```

5 1 3 5

F

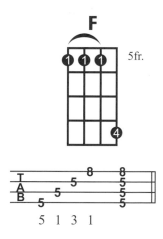

5fr.

```
T        8    8
A      5      5
B    5        5
   5          5
```

5 1 3 1

F

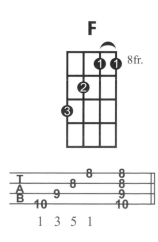

8fr.

```
T        8    8
A      8      8
B    9        9
  10         10
```

1 3 5 1

Fsus4

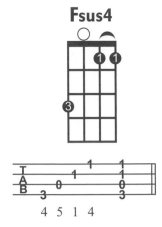

```
T        1   1
A    1
B  0         0
   3         3
```
4 5 1 4

Fsus4

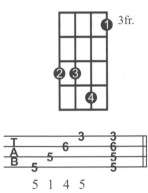
3fr.

```
T        3   3
A    6       6
B  5 5       5
   5         5
```
5 1 4 5

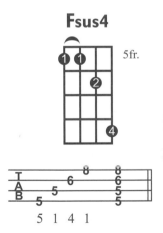

F

Fsus4

5fr.

```
T        8   8
A    6       6
B  5 5       5
   5         5
```
5 1 4 1

Fsus4

8fr.

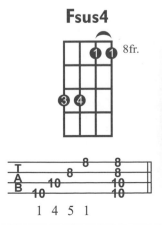

```
T        8   8
A    8       8
B  10 10     10
   10        10
```
1 4 5 1

Fmaj6

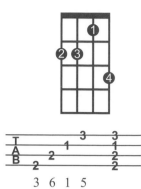

3 6 1 5

Fmaj6

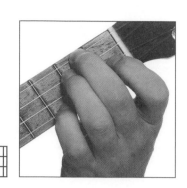

5fr.

5 1 3 6

Fmaj6

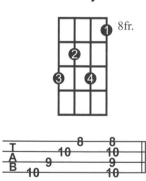

8fr.

1 3 6 1

Fmaj6

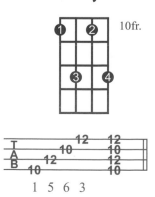

10fr.

1 5 6 3

Fmaj6/9

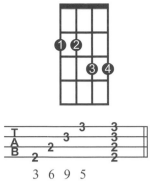

3 6 9 5

Fmaj6/9

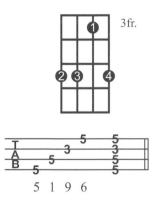

3fr.

5 1 9 6

Fmaj6/9

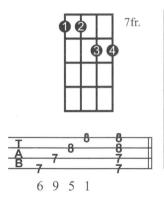

7fr.

6 9 5 1

Fmaj6/9

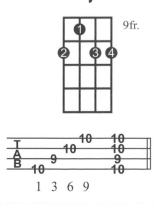

9fr.

1 3 6 9

Fmaj7

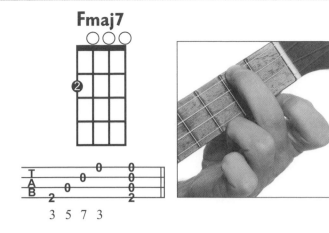

3 5 7 3

Fmaj7

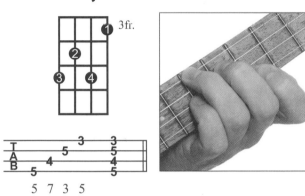

3fr.

5 7 3 5

Fmaj7

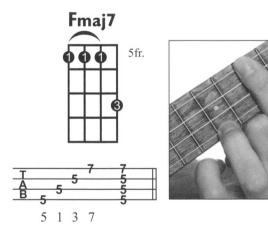

5fr.

5 1 3 7

Fmaj7

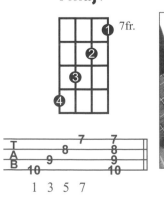

7fr.

1 3 5 7

Fm

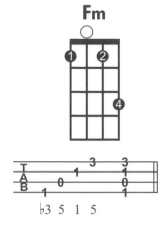

```
T           3   3
A       1
B     0         0
    1           1
```
b3 5 1 5

Fm

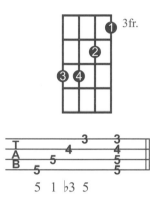
3fr.

```
T           3   3
A       4       4
B     5         5
    5           5
```
5 1 b3 5

F

Fm

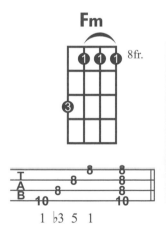
8fr.

```
T           8   8
A       8       8
B     8         8
    10          10
```
1 b3 5 1

Fm

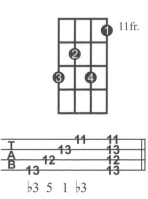
11fr.

```
T           11  11
A       13      13
B     12        12
    13          13
```
b3 5 1 b3

Fm6

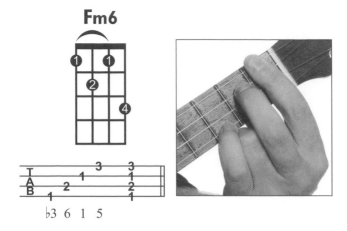

```
T        3   3
         1   1
A      2     2
B    1       1
```

♭3 6 1 5

Fm6

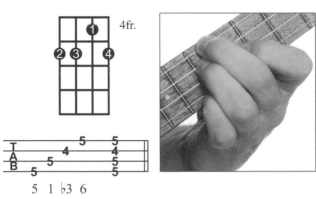

4fr.

```
T          5   5
         4     4
A      5       5
B    5         5
```

5 1 ♭3 6

Fm6

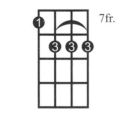

7fr.

```
T          8   8
         8     8
A      8       8
B    7         7
```

6 ♭3 5 1

Fm6

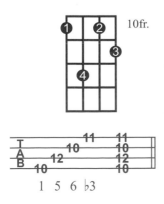

10fr.

```
T          11  11
         10     10
A      12       12
B    10         10
```

1 5 6 ♭3

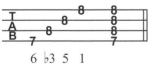

Fm7

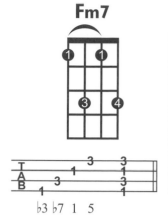

```
T         3     3
A       1       3
B     3         3
    1           1
```
♭3 ♭7 1 5

Fm7

4fr.

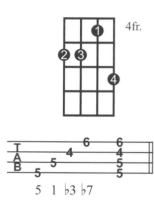

```
T           6     6
A         4       4
B       5         5
      5           5
```
5 1 ♭3 ♭7

F

Fm7

8fr.

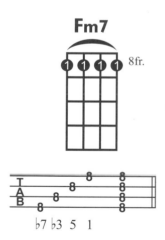

```
T           8     8
A         8       8
B       8         8
      8           8
```
♭7 ♭3 5 1

Fm7

10fr.

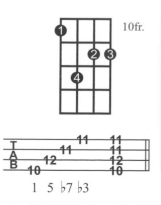

```
T          11    11
A        11      11
B      12        12
    10           10
```
1 5 ♭7 ♭3

Fm9

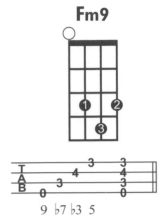

9 ♭7 ♭3 5

Fm9

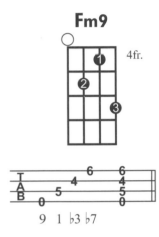

4fr.

9 1 ♭3 ♭7

Fm9

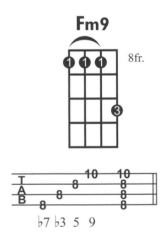

8fr.

♭7 ♭3 5 9

Fm9

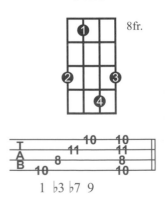

8fr.

1 ♭3 ♭7 9

Fm(maj7)

3fr.

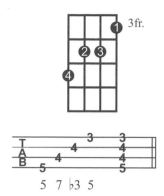

```
T           3   3
A         4     4
B       4       4
      5         5
```

5 7 ♭3 5

Fm(maj7)

4fr.

```
T           7   7
A         4     4
B       5       5
      5         5
```

5 1 ♭3 7

F

Fm(maj7)

8fr.

```
T           8   8
A         8     8
B       8       8
      9         9
```

7 ♭3 5 1

Fm(maj7)

10fr.

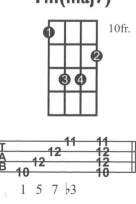

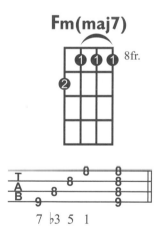

```
T           11  11
A         12     12
B       12       12
      10         10
```

1 5 7 ♭3

F7

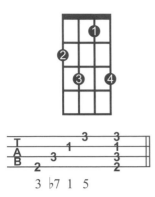

```
T        3   3
A      1     1
B    3       3
   2         2
```

3 ♭7 1 5

F7

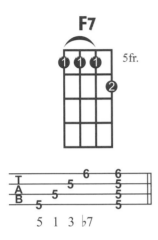

5fr.

```
T        6   6
A      5     5
B    5       5
   5         5
```

5 1 3 ♭7

F7

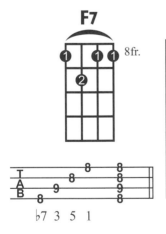

8fr.

```
T        8   8
A      8     8
B    9       9
   8         8
```

♭7 3 5 1

F7

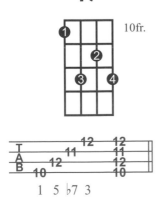

10fr.

```
T        12  12
A      11     11
B    12       12
   10         10
```

1 5 ♭7 3

F7sus4

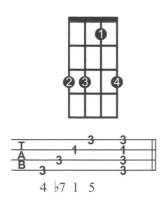

```
T        3   3
         1   1
A      3     3
B    3       3
```

4 ♭7 1 5

F7sus4

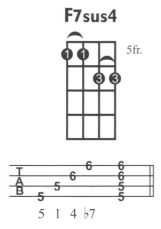

5fr.

```
T        6   6
       6     6
A    5       5
B  5         5
```

5 1 4 ♭7

F

F7sus4

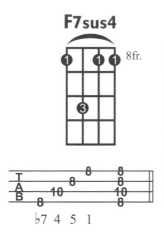

8fr.

```
T        8   8
       8     8
A    10      10
B  8         8
```

♭7 4 5 1

F7sus4

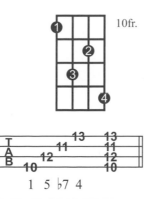

10fr.

```
T         13   13
        11     11
A     12       12
B   10         10
```

1 5 ♭7 4

F7#11

4fr.

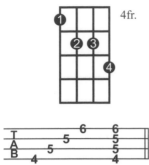

```
T        6   6
A      5   5
B    5      5
   4         4
```

#11 1 3 b7

F7#11

7fr.

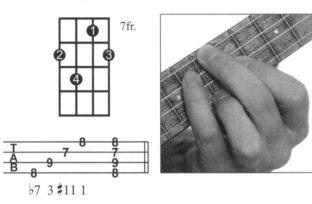

```
T        8   8
A      7   7
B    9      9
   8         8
```

b7 3 #11 1

F7#5

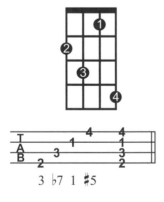

```
T        4   4
A      1   1
B    3      3
   2         2
```

3 b7 1 #5

F7#5

8fr.

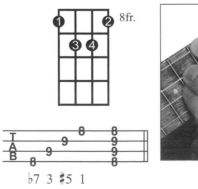

```
T        8   8
A      9   9
B    9      9
   8         8
```

b7 3 #5 1

F9

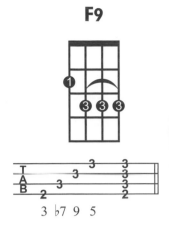

```
T        3   3
A      3     3
B    3       3
   2         2
```

3 b7 9 5

F9

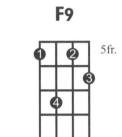
5fr.

```
T        6   6
A      5     5
B    7       7
   5         5
```

5 9 3 b7

F

F9

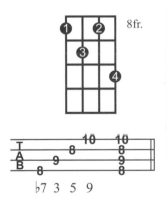
8fr.

```
T        10  10
A      8     8
B    9       9
   8         8
```

b7 3 5 9

F9

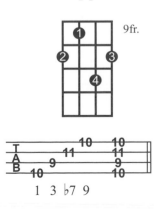
9fr.

```
T        10  10
A      11    11
B    9       9
   10        10
```

1 3 b7 9

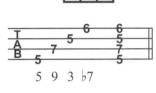

F9sus4

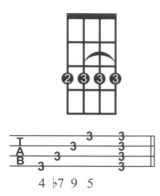

```
T        3     3
A     3        3
B  3  3        3
   3           3
```

4 b7 9 5

F9sus4

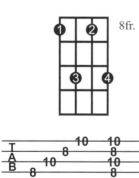

5fr.

```
T        6     6
A     6        6
B  5  7        7
   5           5
```

5 9 4 b7

F9sus4

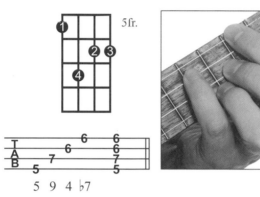

8fr.

```
T         10    10
A      8        8
B  8  10        10
   8            8
```

b7 4 5 9

F9sus4

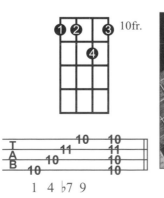

10fr.

```
T          10    10
A      11        11
B  10  10        10
   10            10
```

1 4 b7 9

F7♭9

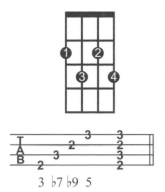

```
T         3   3
A       2     2
B     3       3
    2         2
```
3 ♭7 ♭9 5

F7♭9

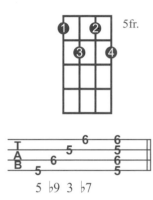 5fr.

```
T         6   6
A       5     5
B     6       6
    5         5
```
5 ♭9 3 ♭7

F

F7♭9

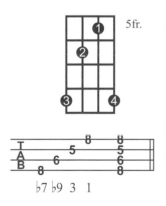 5fr.

```
T         8   8
A       5     5
B     6       6
    8         8
```
♭7 ♭9 3 1

F7♭9

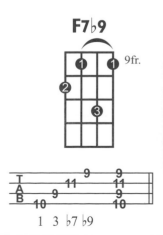 9fr.

```
T         9    9
A       11     11
B     9        9
    10         10
```
1 3 ♭7 ♭9

F7♯9

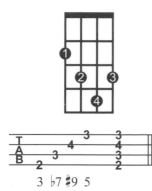

```
T        3   3
A      4     4
B    3       3
   2         2
```
3 ♭7 ♯9 5

F7♯9

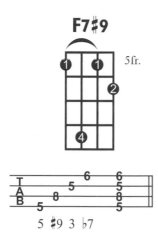

5fr.

```
T        6   6
A      5     5
B    8       8
   5         5
```
5 ♯9 3 ♭7

F7♯9

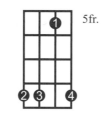

5fr.

```
T        8   8
A      5     5
B    8       8
   8         8
```
♭7 ♯9 3 1

F7♯9

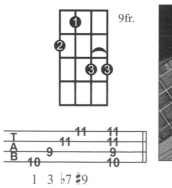

9fr.

```
T        11   11
A      11      11
B    9         9
   10          10
```
1 3 ♭7 ♯9

F7#5#9

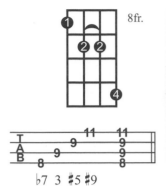

8fr.

```
T----------11----11
A------9---------9
B--8------9------9
    8------------8
```

♭7 3 #5 #9

F7#5♭9

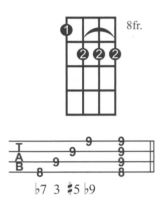

8fr.

```
T----------9----9
A------9---------9
B--8------9------9
    8------------8
```

♭7 3 #5 ♭9

F

F7#9#5

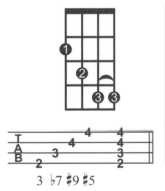

```
T----------4----4
A------4---------4
B--2------3------3
    2------------2
```

3 ♭7 #9 #5

F7♭9♭5

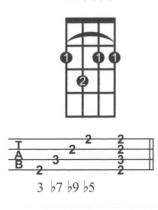

```
T----------2----2
A------2---------2
B--2------3------3
    2------------2
```

3 ♭7 ♭9 ♭5

F13

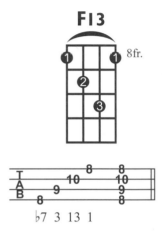
2fr.

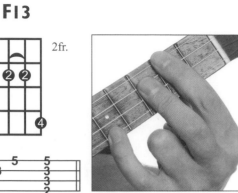

3 ♭7 9 13

F13

8fr.

♭7 3 13 1

F13sus4

3fr.

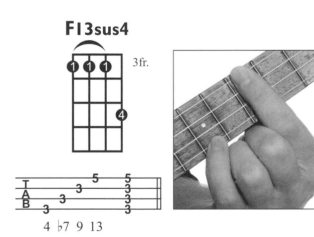

4 ♭7 9 13

F13sus4

8fr.

♭7 4 13 1

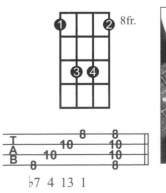

Fm7♭5

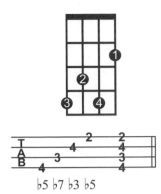

```
T       2   2
A     4     4
B   3       3
  4         4
```

♭5 ♭7 ♭3 ♭5

Fm7♭5

4fr.

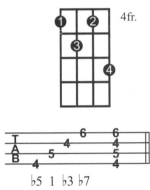

```
T       6   6
A     4     4
B   5       5
  4         4
```

♭5 1 ♭3 ♭7

F

Fm7♭5

7fr.

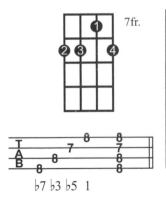

```
T       8   8
A     7     7
B   8       8
  8         8
```

♭7 ♭3 ♭5 1

Fm7♭5

10fr.

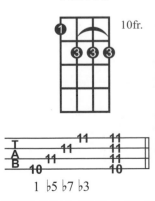

```
T        11   11
A      11      11
B    11        11
  10           10
```

 1 ♭5 ♭7 ♭3

F°7

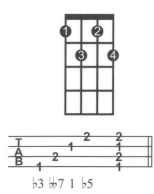

```
T       2   2
A     1   2
B   2     2
  1       1
```
b3 bb7 1 b5

F°7

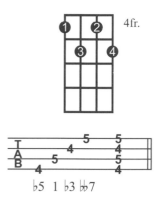   4fr.

```
T       5   5
A     4   4
B   5     5
  4       4
```
b5 1 b3 bb7

F°7

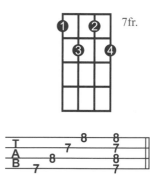   7fr.

```
T       8   8
A     7   7
B   8     8
  7       7
```
bb7 b3 b5 1

F°7

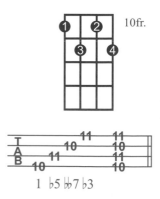   10fr.

```
T       11   11
A     10   10
B   11     11
  10       10
```
1 b5 bb7 b3

F♯

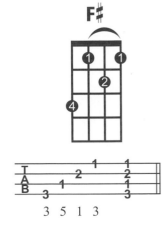

```
T                1     1
A          2           2
B       1
   3                    3
```
3 5 1 3

F♯

4fr.
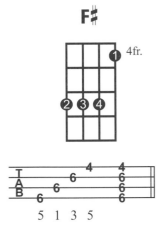

```
T                4     4
A          6           6
B    6                 6
```
5 1 3 5

F♯

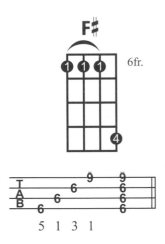
6fr.

```
T                9     9
A          6           6
B    6                 6
```
5 1 3 1

F♯

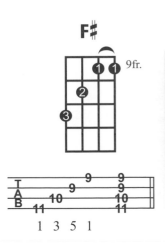
9fr.

```
T                9     9
A          9           9
B       10             10
   11                  11
```
1 3 5 1

F♯

F#sus4

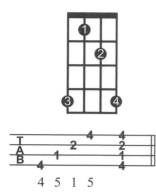

```
T        4    4
A      2      2
B    1        1
   4          4
   4 5 1 5
```

F#sus4

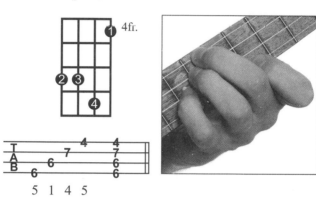

4fr.

```
T          4    4
A       7       7
B     6         6
   6            6
   5 1 4 5
```

F#sus4

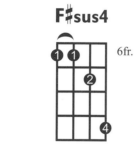

6fr.

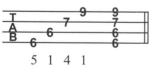

```
T          9    9
A       7       7
B     6         6
   6            6
   5 1 4 1
```

F#sus4

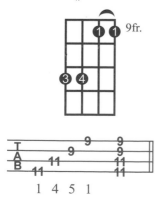

9fr.

```
T          9    9
A       9       9
B     11        11
   11           11
   1 4 5 1
```

F♯maj6

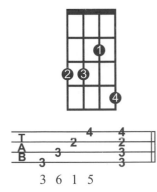

```
T          4     4
A       2        2
B    3     3     3
  3              3
```

3 6 1 5

F♯maj6

6fr.

```
T          6     6
A       6        6
B    6     6     6
  6              6
```

5 1 3 6

F♯

F♯maj6

8fr.

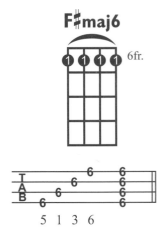

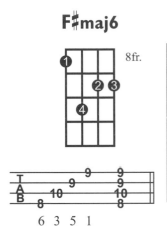

```
T          9     9
A       9        9
B    10          10
  8              8
```

6 3 5 1

F♯maj6

9fr.

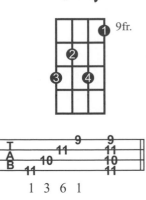

```
T          9     9
A       11       11
B    10          10
  11             11
```

1 3 6 1

F#maj6/9

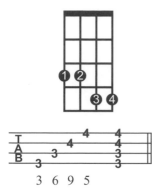

```
T|-------4----4-|
A|----4-------4-|
B|--3-----3---3-|
  3----------3-|
```

3   6   9   5

F#maj6/9

4fr.

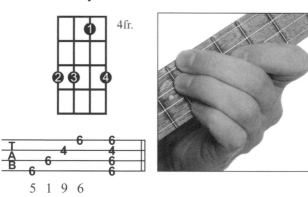

```
T|-------6----6-|
A|----4-------4-|
B|--6-----6---6-|
  6----------6-|
```

5   1   9   6

F#maj6/9

8fr.

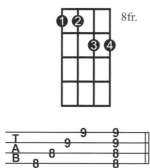

```
T|-------9----9-|
A|----9-------9-|
B|--8-----8---8-|
  8----------8-|
```

6   9   5   1

F#maj6/9

10fr.

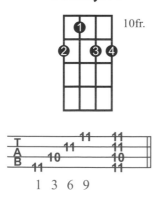

```
T|-------11----11-|
A|----11-------11-|
B|--10----10---10-|
  11----------11-|
```

1   3   6   9

F#maj7

3 5 7 3

F#maj7

4fr.

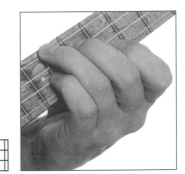

5 7 3 5

F#maj7

6fr.

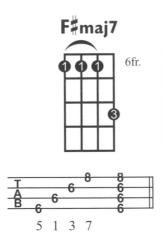

5 1 3 7

F#maj7

8fr.

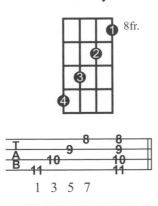

1 3 5 7

F#m

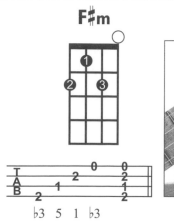

```
T        0   0
A      2     2
B    1       1
   2         2
```
♭3 5 1 ♭3

F#m

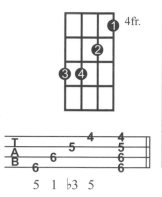

4fr.

```
T        4   4
A      5     5
B    6       6
   6         6
```
5 1 ♭3 5

F#m

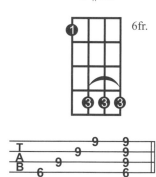

6fr.

```
T        9   9
A      9     9
B    9       9
   6         6
```
5 ♭3 5 1

F#m

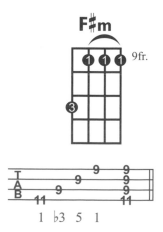

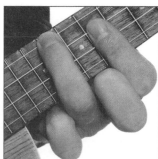

9fr.

```
T        9    9
A      9      9
B    9        9
   11         11
```
1 ♭3 5 1

F#m6

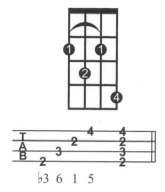

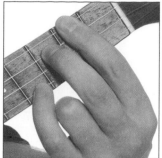

```
T        4   4
A      2     2
B    3       3
   2         2
```

b3 6 1 5

F#m6

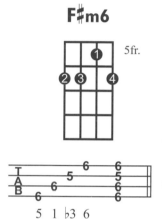

5fr.

```
T        6   6
A      5     5
B    6       6
   6         6
```

5 1 b3 6

F#m6

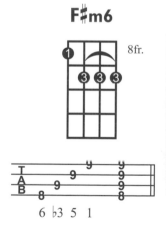

8fr.

F#

```
T        9   9
A      9     9
B    9       9
   8         8
```

6 b3 5 1

F#m6

11fr.

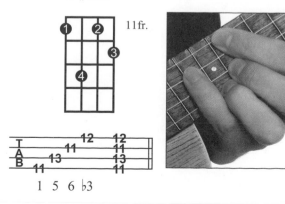

```
T        12  12
A      11     11
B    13       13
   11         11
```

1 5 6 b3

F#m7

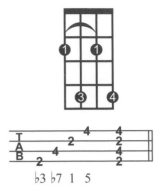

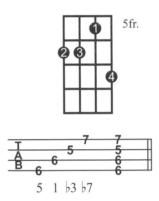

```
T          4   4
A      2       2
B    4         4
   2           2
```
b3 b7 1 5

F#m7

5fr.

```
T          7   7
A      5       5
B    6         6
   6           6
```
5 1 b3 b7

F#m7

9fr.

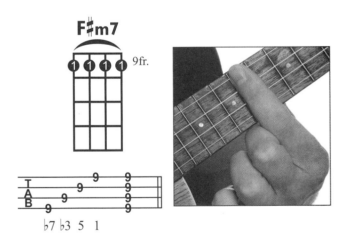

```
T          9   9
A      9       9
B    9         9
   9           9
```
b7 b3 5 1

F#m7

11fr.

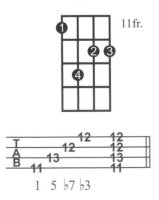

```
T              12  12
A          12      12
B      13          13
   11              11
```
1 5 b7 b3

F#m9

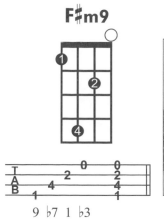

```
T        0   0
A      2     2
B    4       4
   1         1
```

9 b7 1 b3

F#m9

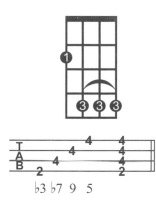

```
T        4   4
A      4     4
B    4       4
   2         2
```

b3 b7 9 5

F#m9

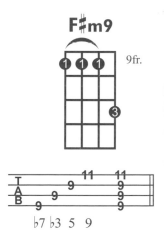

9fr.

```
T        11  11
A      9     9
B    9       9
   9         9
```

b7 b3 5 9

F#m9

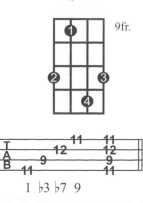

9fr.

```
T        11  11
A      12    12
B    9       9
   11        11
```

1 b3 b7 9

F#m(maj7)

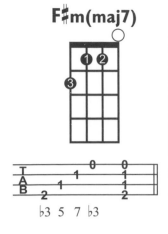

b3 5 7 b3

F#m(maj7)

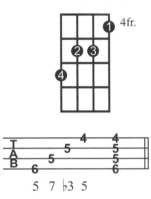

4fr.

5 7 b3 5

F#m(maj7)

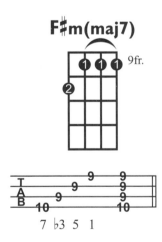

9fr.

7 b3 5 1

F#m(maj7)

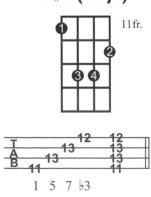

11fr.

1 5 7 b3

F#7

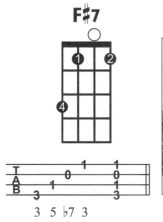

```
T        1    1
A      0      0
B    1        1
   3          3
```

3 5 ♭7 3

F#7

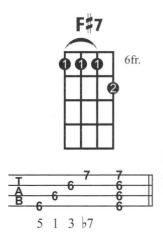

```
T        4    4
A      2      2
B    4        4
   3          3
```

3 ♭7 1 5

F#7   6fr.

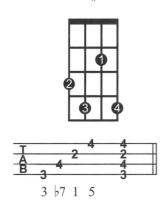

```
T        7    7
A      6      6
B    6        6
```

5 1 3 ♭7

F#7   9fr.

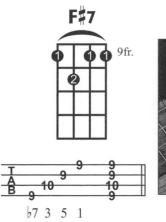
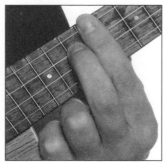

```
T        9    9
A      9      9
B    10       10
   9          9
```

♭7 3 5 1

F♯7sus4

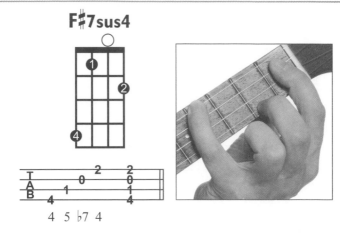

4 5 ♭7 4

F♯7sus4

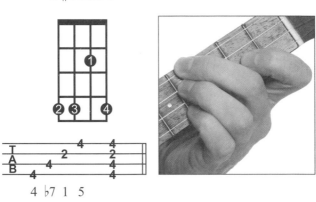

4 ♭7 1 5

F♯7sus4

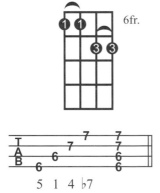

6fr.

5 1 4 ♭7

F♯7sus4

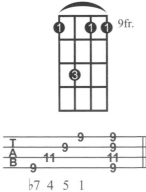

9fr.

♭7 4 5 1

F#7#11

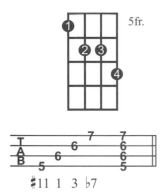

5fr.

```
T          7   7
A      6   6   6
B   6          6
   5           5
```

#11 1 3 b7

F#7#11

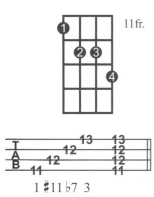

11fr.

```
T          13  13
A      12  12  12
B  12      12  12
   11          11
```

1 #11 b7 3

F#7#5

2fr.

```
T          5   5
A      2   2   2
B  4       4   4
   3           3
```

b3 b7 1 #5

F#7#5

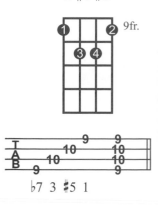

9fr.

```
T          9   9
A      10  10  10
B  10      10  10
   9           9
```

b7 3 #5 1

F#9

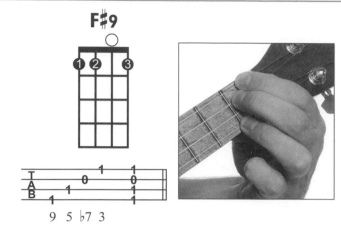

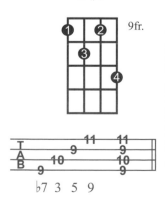

```
T--------1---1
A----0-------0
B--1-----1---1
   1---------1
```
9　5　♭7　3

F#9

3fr.

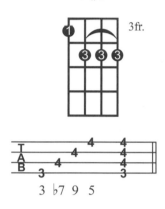

```
T----------4---4
A------4-------4
B--3------4----4
   3----------3
```
3　♭7　9　5

F#9

6fr.

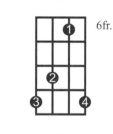

```
T----------9---9
A------6-------6
B--8------8----8
   9----------9
```
♭7　9　3　1

F#9

9fr.

```
T-----------11---11
A------9---------9
B--10------10----10
   9------------9
```
♭7　3　5　9

F#9sus4

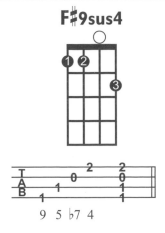

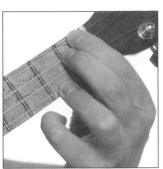

```
T        2    2
A     0       0
B   1    1    1
    1         1
```

9 5 b7 4

F#9sus4

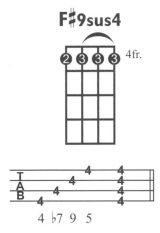

4fr.

```
T           4    4
A        4       4
B     4          4
   4             4
```

4 b7 9 5

F#9sus4

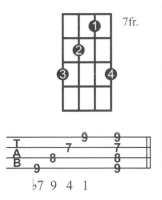

7fr.

```
T           9    9
A        7       7
B     8          8
   9             9
```

b7 9 4 1

F#9sus4

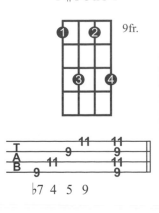

9fr.

```
T           11    11
A        9        9
B     11          11
   9              9
```

b7 4 5 9

F#7b9

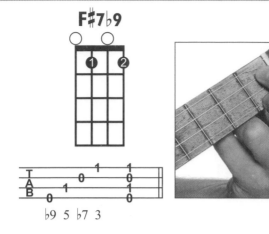

b9 5 b7 3

F#7b9

3fr.

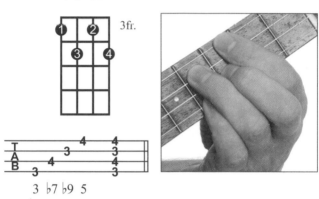

3 b7 b9 5

F#7b9

6fr.

b7 b9 3 1

F#7b9

10fr.

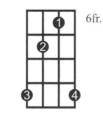
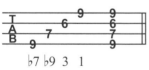
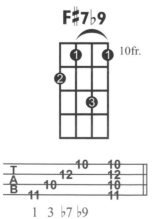

1 3 b7 b9

F#7#9

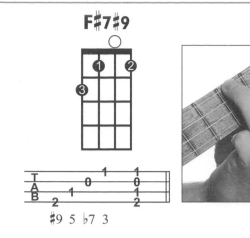

```
T        1   1
A    0       0
B  1         1
   2         2
```
#9 5 b7 3

F#7#9

3fr.

```
T         4   4
A     5       5
B   4         4
  3           3
```
3 b7 #9 5

F#7#9

6fr.

```
T         9   9
A     6       6
B   9         9
  9           9
```
b7 #9 3 1

F#7#9

10fr.

```
T          12  12
A      12      12
B    10        10
  11           11
```
1 3 b7 #9

F#7#5#9

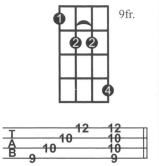
9fr.

```
T|------------12---12---|
A|-------10---10---10---|
B|--10----------------|
   9                 9
```

b7 3 #5 #9

F#7#5b9

9fr.

```
T|------------10---10---|
A|-------10---10---10---|
B|--10---10---10---10---|
   9                 9
```

b7 3 #5 b9

F#7#9#5

3fr.

```
T|-------------5----5---|
A|--------5----5----5---|
B|---4---------4----4---|
   3                 3
```

3 b7 #9 #5

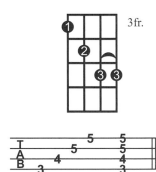

F#7b9b5

3fr.

```
T|-------------3----3---|
A|--------3----3----3---|
B|---4---------4----4---|
   3                 3
```

3 b7 b9 b5

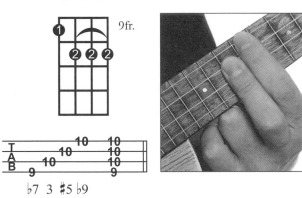
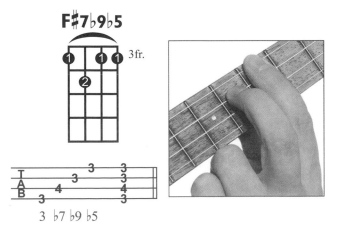

F#13

3fr.

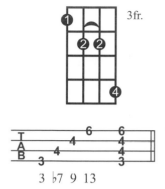

```
T           6   6
A       4       4
B   4           4
    3           3
```

3 b7 9 13

F#13

9fr.

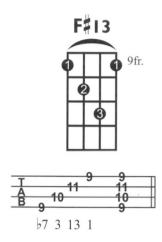

```
T           9   9
A       11      11
B     10        10
    9           9
```

b7 3 13 1

F#13sus4

4fr.

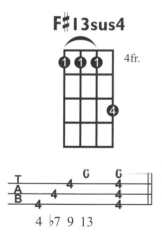

F#

```
T           6   6
A       4       4
B   4           4
    4           4
```

4 b7 9 13

F#13sus4

9fr.

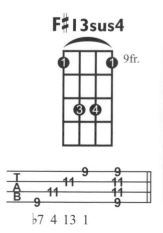

```
T           9   9
A       11      11
B     11        11
    9           9
```

b7 4 13 1

F#m7♭5

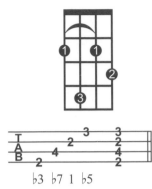

```
T           3   3
A         2     2
B       4       4
      2         2
```

♭3 ♭7 1 ♭5

F#m7♭5

5fr.

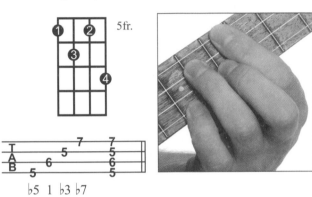

```
T           7   7
A         5     5
B       6       6
      5         5
```

♭5 1 ♭3 ♭7

F#m7♭5

8fr.

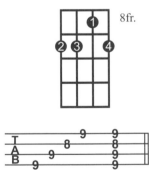

```
T           9   9
A         8     8
B       9       9
      9         9
```

♭7 ♭3 ♭5 1

F#m7♭5

11fr.

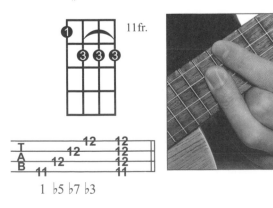

```
T            12   12
A          12      12
B        12        12
      11           11
```

1 ♭5 ♭7 ♭3

F#°7

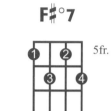

```
T          3   3
A      2   2   2
B   3  3       3
    2          2
```

b3 bb7 1 b5

F#°7

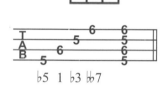

5fr.

```
T          6   6
A      5   5   5
B   5  6       6
    5          5
```

b5 1 b3 bb7

F#°7

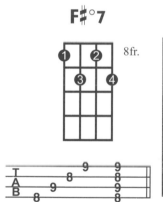

8fr.

```
T          9   9
A      8   8   8
B   8  9       9
    8          8
```

bb7 b3 b5 1

F#°7

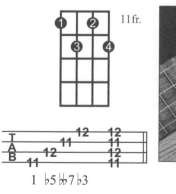

11fr.

```
T           12  12
A       11  11  11
B   12  12      12
    11          11
```

1 b5 bb7 b3

G

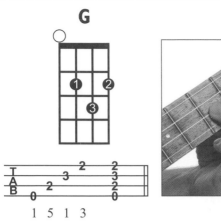

```
T        2  2
A     3     3
B  2     2  2
   0        0
```

1 5 1 3

G

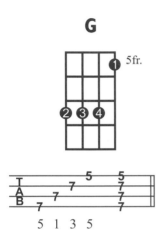

5fr.

```
T        5  5
A     7     7
B  7     7  7
   7        7
```

5 1 3 5

G

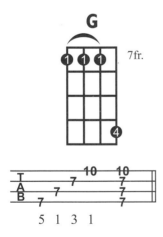

7fr.

```
T        10  10
A     7      7
B  7     7   7
   7         7
```

5 1 3 1

G

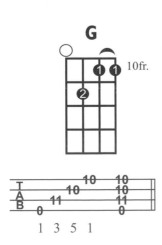
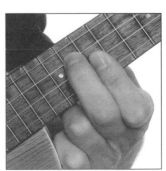

10fr.

```
T         10  10
A     10      10
B  11     11  11
   0          0
```

1 3 5 1

Gsus4

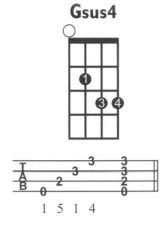

```
T          3   3
A      3       3
B    2         2
   0           0
```
1 5 1 4

Gsus4

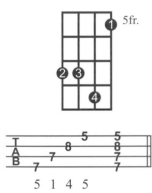

5fr.

```
T          5   5
A      8       8
B   7  7       7
   7           7
```
5 1 4 5

Gsus4

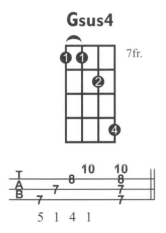

7fr.

```
T         10  10
A      8       8
B   7  7       7
   7           7
```
5 1 4 1

G

Gsus4

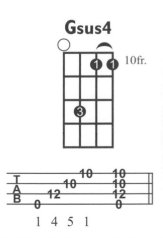

10fr.

```
T         10  10
A     10      10
B   12        12
   0           0
```
1 4 5 1

Gmaj6

1 5 6 3

Gmaj6

3fr.

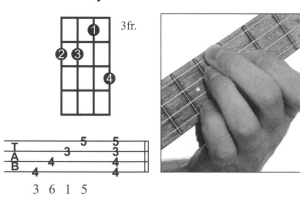

3 6 1 5

Gmaj6

7fr.

5 1 3 6

Gmaj6

9fr.

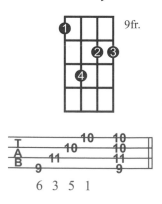
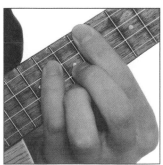

6 3 5 1

Gmaj6/9

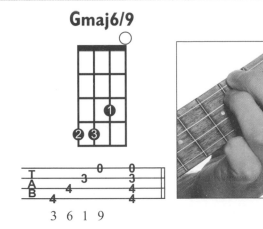

```
T       0   0
        3   3
A     4     4
B   4       4
```

3 6 1 9

Gmaj6/9

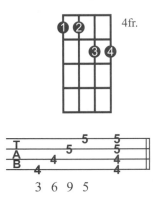

4fr.

```
T       5   5
      5     5
A   4       4
B 4         4
```

3 6 9 5

Gmaj6/9

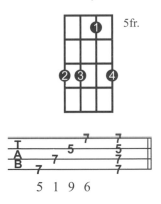

5fr.

```
T       7   7
      5     5
A   7       7
B 7         7
```

5 1 9 6

Gmaj6/9

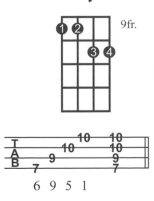

9fr.

```
T       10   10
      10     10
A   9        9
B 7          7
```

6 9 5 1

G

Gmaj7

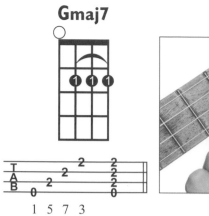

```
T        2   2
A      2     2
B    2       2
  0          0
```

1 5 7 3

Gmaj7

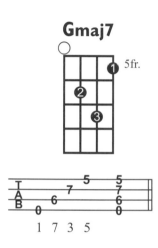

5fr.

```
T        5   5
A      7     7
B    6       6
  0          0
```

1 7 3 5

Gmaj7

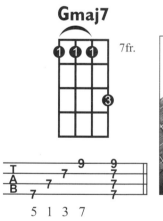

7fr.

```
T        9   9
A      7     7
B    7       7
  7          7
```

5 1 3 7

Gmaj7

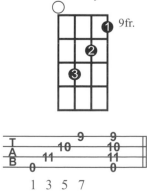

9fr.

```
T         9    9
A       10     10
B     11       11
  0            0
```

1 3 5 7

Gm

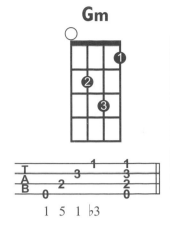

```
T        1    1
A     3       3
B   2         2
  0           0
```

1 5 1 ♭3

Gm

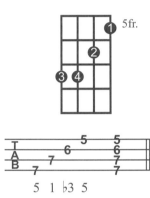   5fr.

```
T        5    5
A     6       6
B   7         7
  7           7
```

5 1 ♭3 5

Gm

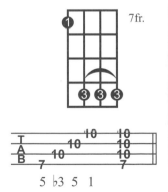   7fr.

G

```
T        10   10
A     10      10
B   10        10
  7           7
```

5 ♭3 5 1

Gm

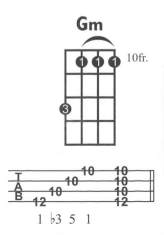   10fr.

```
T        10   10
A     10      10
B   10        10
  12          12
```

1 ♭3 5 1

Gm6

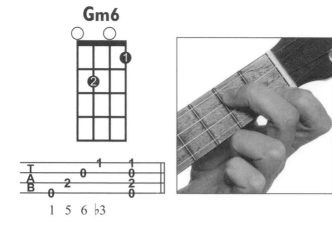

1 5 6 ♭3

Gm6

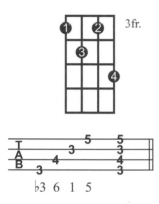

3fr.

♭3 6 1 5

Gm6

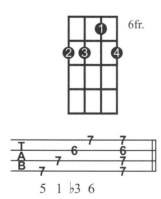

6fr.

5 1 ♭3 6

Gm6

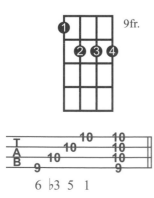

9fr.

6 ♭3 5 1

Gm7

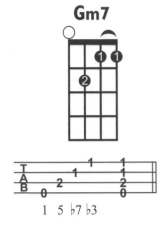

```
T--------------1----1
A--------1------------
B-0---2----------2----0
```
1 5 b7 b3

Gm7

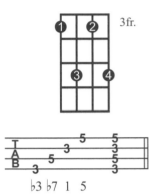
3fr.

```
T--------------5----5
A--------3------------3
B-3---5----------5----3
```
b3 b7 1 5

Gm7

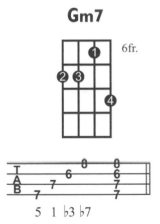
6fr.

G

```
T--------------8----8
A--------6------------6
B-7---7----------7----7
```
5 1 b3 b7

Gm7

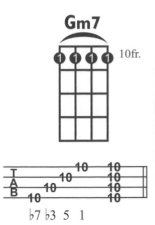
10fr.

```
T--------------10----10
A--------10------------10
B-10---10----------10----10
```
b7 b3 5 1

Gm9

b3 5 b7 9

Gm9

3fr.

b3 b7 9 5

Gm9

6fr.

1 9 b3 b7

Gm9

10fr.

b7 b3 5 9

Gm(maj7)

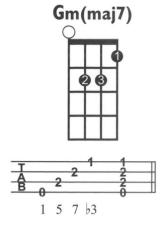

```
T           1     1
A        2        2
B     2           2
   0              0
```

1 5 7 ♭3

Gm(maj7)

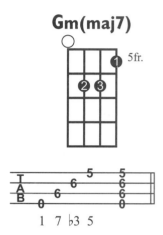

5fr.

```
T           5     5
A        6        6
B     6           6
   0              0
```

1 7 ♭3 5

Gm(maj7)

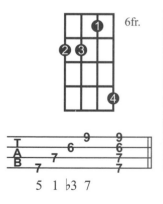

6fr.

```
T           9     9
A        6        6
B     7           7
   7              7
```

5 1 ♭3 7

G

Gm(maj7)

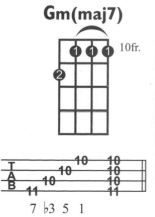

10fr.

```
T              10    10
A           10       10
B        10          10
   11                11
```

7 ♭3 5 1

G7

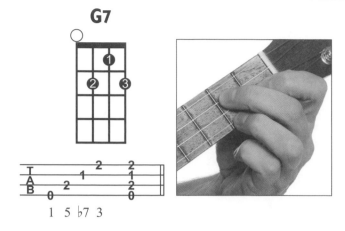

```
T       2   2
A     1     1
B   2   2   2
  0         0
```

1 5 b7 3

G7

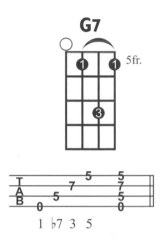

5fr.

```
T       5   5
A     7     7
B   5       5
  0         0
```

1 b7 3 5

G7

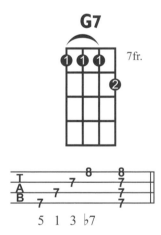

7fr.

```
T       8   8
A     7     7
B   7       7
            7
```

5 1 3 b7

G7

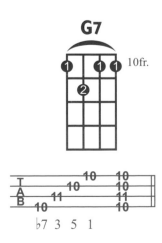

10fr.

```
T       10   10
A     10      10
B   11        11
  10          10
```

b7 3 5 1

G7sus4

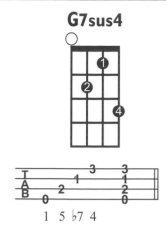

```
T        3   3
A      1     1
B    2       2
   0         0
```

1 5 b7 4

G7sus4

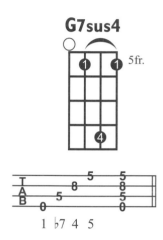
5fr.

```
T        5   5
A      8     8
B    5       5
   0         0
```

1 b7 4 5

G7sus4

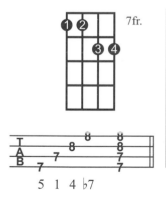
7fr.

G

```
T        8   8
A      8     8
B    7       7
   7         7
```

5 1 4 b7

G7sus4

10fr.

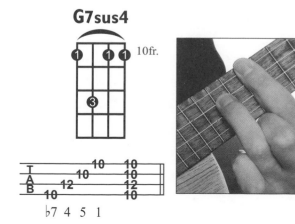

```
T        10  10
A      10    10
B    12      12
   10        10
```

b7 4 5 1

G7#11

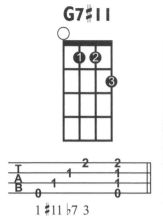

```
T       2   2
A     1     1
B   1       1
  0         0
```

1 #11 b7 3

G7#11

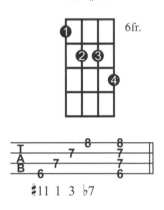
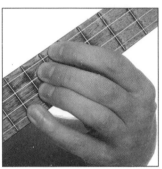

6fr.

```
T       8   8
A     7     7
B   7       7
  6         6
```

#11 1 3 b7

G7#5

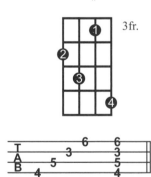

3fr.

```
T       6   6
A     3     3
B   5       5
  4         4
```

3 b7 1 #5

G7#5

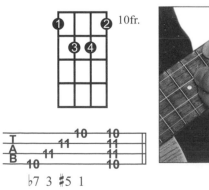

10fr.

```
T        10   10
A      11      11
B    11        11
  10           10
```

b7 3 #5 1

G9

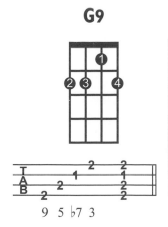

```
T           2   2
A       1       1
B     2         2
    2           2
```
9 5 ♭7 3

G9

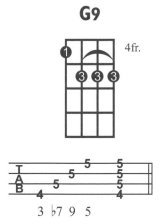

4fr.

```
T           5   5
A       5       5
B     5         5
    4           4
```
3 ♭7 9 5

G9

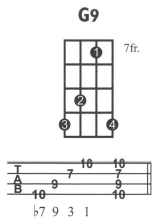

7fr.

```
T          10  10
A       7       7
B     9         9
   10          10
```
♭7 9 3 1

G

G9

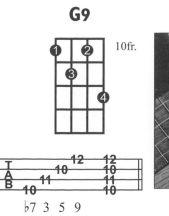

10fr.

```
T          12  12
A      10      10
B    11        11
   10          10
```
♭7 3 5 9

G9sus4

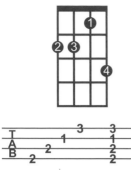

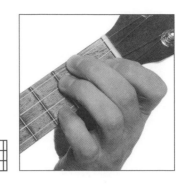

```
T        3   3
A      1     1
B    2   2   2
   2         2
```
9 5 ♭7 4

G9sus4

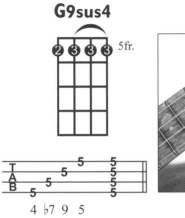
5fr.

```
T          5   5
A        5     5
B      5       5
   5           5
```
4 ♭7 9 5

G9sus4

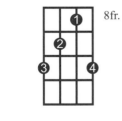
8fr.

```
T          10  10
A        8      8
B      9        9
   10           10
```
♭7 9 4 1

G9sus4

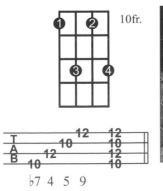
10fr.

```
T          12  12
A        10     10
B      12       12
   10           10
```
♭7 4 5 9

G7♭9

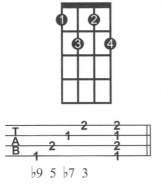

```
T        2   2
A      1     1
B    2       2
  1          1
```
♭9 5 ♭7 3

G7♭9

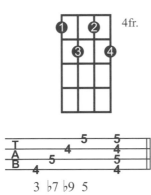   4fr.

```
T        5   5
A      4     4
B    5       5
  4          4
```
3 ♭7 ♭9 5

G7♭9

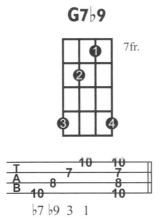   7fr.

```
T       10  10
A     7      7
B   8        8
 10         10
```
♭7 ♭9 3 1

G

G7♭9

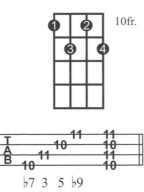   10fr.

```
T       11  11
A    10     10
B  11       11
 10         10
```
♭7 3 5 ♭9

G7♯9

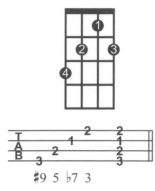

#9 5 ♭7 3

G7♯9

4fr.

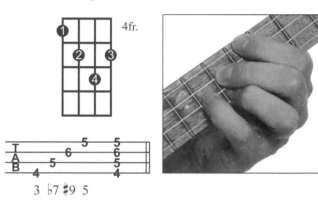

3 ♭7 #9 5

G7♯9

7fr.

♭7 #9 3 1

G7♯9

11fr.

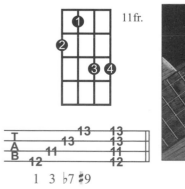

1 3 ♭7 #9

G7#5#9

10fr.

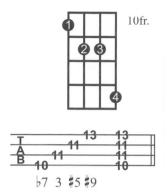

```
T       13  13
A     11    11
B   11 11   11
  10        10
```

♭7 3 #5 #9

G7#5♭9

10fr.

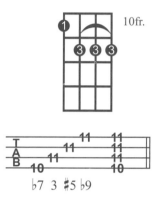

```
T       11  11
A     11    11
B   11 11   11
  10        10
```

♭7 3 #5 ♭9

G7#9#5

4fr.

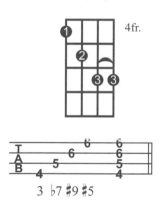

```
T        6   6
A      6     6
B    5       6
   4         4
```

3 ♭7 #9 #5

G

G7♭9♭5

4fr.

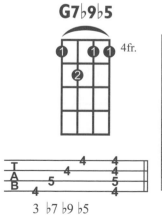

```
T        4   4
A      4     4
B    5       5
   4         4
```

3 ♭7 ♭9 ♭5

G13

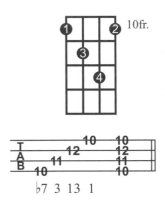

```
T         7   7
A     5   5   5
B   5         5
  4           4
```

3 ♭7 9 13

G13

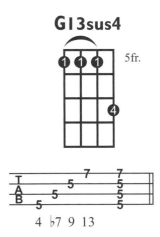

```
T          10   10
A      12       12
B   11          11
 10             10
```

♭7 3 13 1

G13sus4

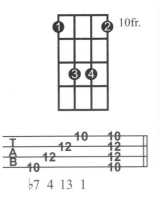

```
T          7   7
A      5   5   5
B   5      5   5
 5             5
```

4 ♭7 9 13

G13sus4

```
T          10   10
A      12       12
B   12          12
 10             10
```

♭7 4 13 1

Gm7b5

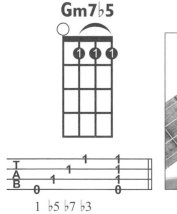

1 b5 b7 b3

Gm7b5

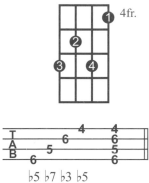
4fr.

b5 b7 b3 b5

Gm7b5

6fr.

G

b5 1 b3 b7

Gm7b5

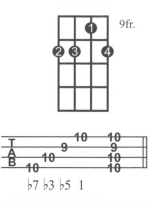
9fr.

b7 b3 b5 1

G°7

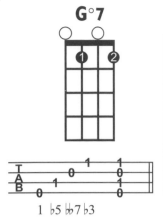

```
T        1  1
A     0     0
B  1     1  1
   0        0
```

1 b5 bb7 b3

G°7

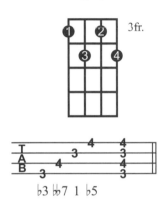

3fr.

```
T        4  4
A     3     3
B  4     4
   3        3
```

b3 bb7 1 b5

G°7

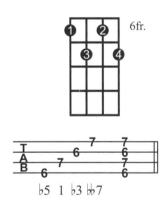

6fr.

```
T        7  7
A     6     6
B  7     7
   6        6
```

b5 1 b3 bb7

G°7

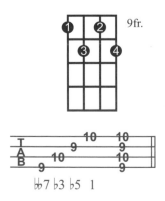

9fr.

```
T        10  10
A     9      9
B  10     10
   9         9
```

bb7 b3 b5 1

A♭

1 5 1 3

A♭

3fr.

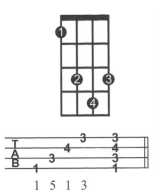

3 5 1 3

A♭

6fr.

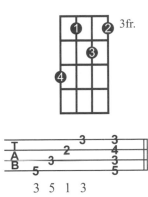

5 1 3 5

A♭

A♭

8fr.

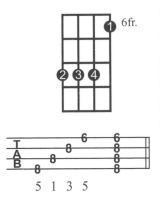

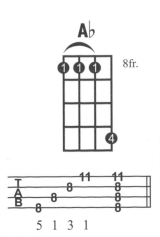

5 1 3 1

A♭sus4

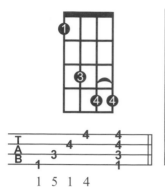

```
T----------4----4--
A-------4-------4--
B----3-------3-----
   1-------1----1--
```

1 5 1 4

A♭sus4

3fr.

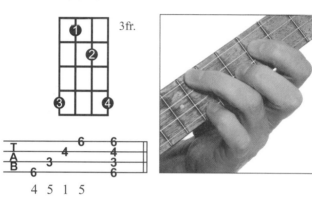

```
T----------6----6--
A-------4-------4--
B----3-------3-----
   6-------1----6--
```

4 5 1 5

A♭sus4

6fr.

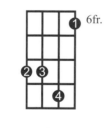

```
T----------6----9--
A-------9-------6--
B----8-------8-----
   8-------8----8--
```

5 1 4 5

A♭sus4

8fr.

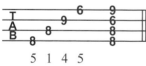
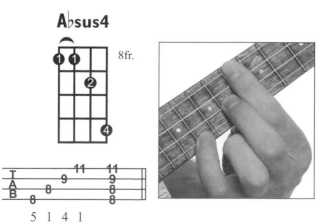

```
T---------11---11--
A-------9-------9--
B----8-------8-----
   8-------8----8--
```

5 1 4 1

A♭maj6

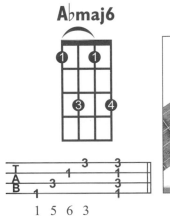

```
T        3   3
A    1   3
B  3     3
  1      1
```

1 5 6 3

A♭maj6

4fr.

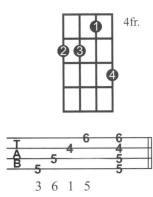

```
T        6   6
A    4       4
B  5     5
  5      5
```

3 6 1 5

A♭maj6

8fr.

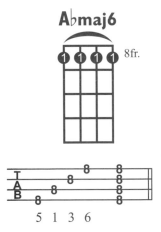

```
T        8   8
A    8       8
B  8     8
  8      8
```

5 1 3 6

A♭

A♭maj6

10fr.

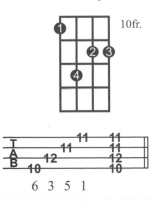

```
T         11   11
A     11       11
B   12    12
  10       10
```

6 3 5 1

A♭maj6/9

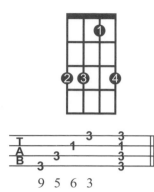

```
T            3   3
A        1       1
B      3         3
    3            3
    9  5  6  3
```

A♭maj6/9

5fr.

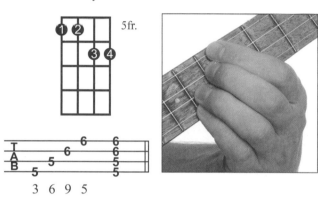

```
T            6   6
A        6       6
B      5         5
    5            5
    3  6  9  5
```

A♭maj6/9

5fr.

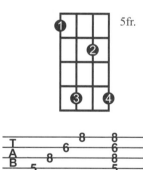

```
T            8   8
A        6       6
B      8         8
    5            5
    3  1  9  6
```

A♭maj6/9

10fr.

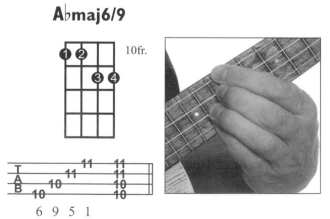

```
T            11   11
A        11       11
B      10         10
    10            10
    6  9  5  1
```

A♭maj7

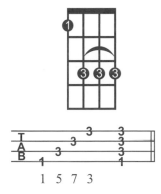

```
T           3     3
A        3        3
B     3           3
      1           1
```

1 5 7 3

A♭maj7

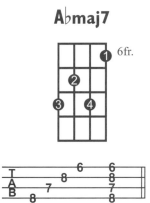
6fr.

```
T           6     6
A        8        8
B     7           7
      8           8
```

5 7 3 5

A♭maj7

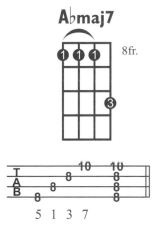
8fr.

```
T          10    10
A        8        8
B     8           8
      8           8
```

5 1 3 7

A♭

A♭maj7

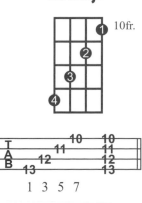
10fr.

```
T          10    10
A        11       11
B     12          12
      13          13
```

1 3 5 7

A♭m

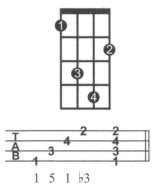

```
T           2   2
A       4       4
B     3         3
    1           1
```
1   5   1   ♭3

A♭m

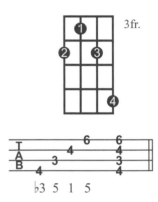
3fr.

```
T           6   6
A       4       4
B     3         3
    4           4
```
♭3   5   1   5

A♭m

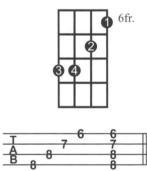
6fr.

```
T           6   6
A       7       7
B     8         8
    8           8
```
5   1   ♭3   5

A♭m

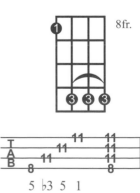
8fr.

```
T           11  11
A       11      11
B     11        11
    8           8
```
5   ♭3   5   1

A♭m6

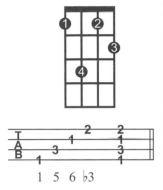

```
T        2  2
A     1     1
B   3       3
  1         1
```

1 5 6 ♭3

A♭m6

4fr.

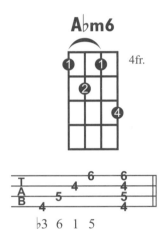

```
T        6  6
A     4     4
B   5       5
  4         4
```

♭3 6 1 5

A♭m6

7fr.

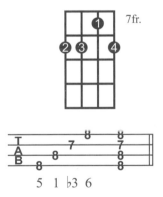

```
T        8  8
A     7     7
B   8       8
  8         8
```

5 1 ♭3 6

A♭

A♭m6

10fr.

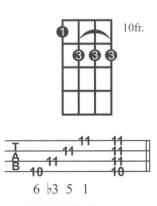

```
T        11  11
A     11     11
B   11       11
  10         10
```

6 ♭3 5 1

A♭m7

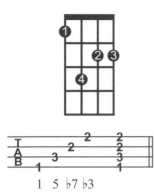

1 5 ♭7 ♭3

A♭m7

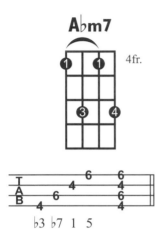
4fr.

♭3 ♭7 1 5

A♭m7

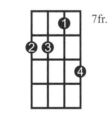
7fr.

5 1 ♭3 ♭7

A♭m7

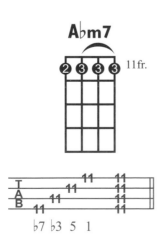
11fr.

♭7 ♭3 5 1

Abm9

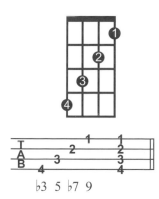

b3 5 b7 9

Abm9

4fr.

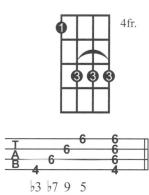

b3 b7 9 5

Abm9

7fr.

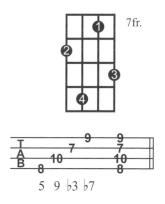

5 9 b3 b7

Ab

Abm9

11fr.

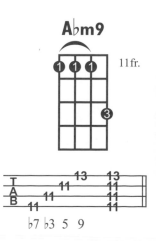

b7 b3 5 9

A♭m(maj7)

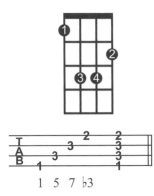

```
T        2   2
A      3     3
B    3       3
     1       1
```
1 5 7 ♭3

A♭m(maj7)

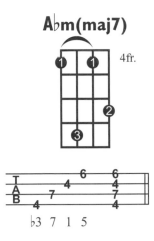

4fr.

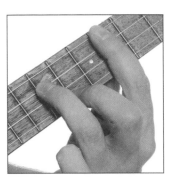

```
T        6   6
A      4     4
B    7       7
     4       4
```
♭3 7 1 5

A♭m(maj7)

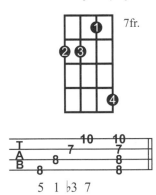

7fr.

```
T        10  10
A      7      7
B    8   8    8
     8        8
```
5 1 ♭3 7

A♭m(maj7)

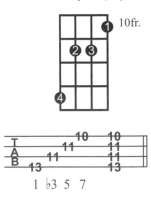

10fr.

```
T         10  10
A      11     11
B    11       11
     13       13
```
1 ♭3 5 7

A♭7

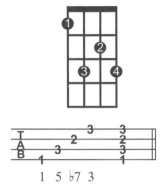

```
T       3   3
A     2     2
B   3       3
  1         1
```

1 5 ♭7 3

A♭7

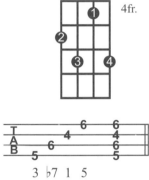

4fr.

```
T       6   6
A     4     4
B   6       6
  5         5
```

3 ♭7 1 5

A♭7

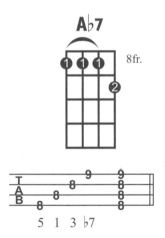

8fr.

```
T       9   9
A     8     8
B   8       8
  8         8
```

5 1 3 ♭7

A♭

A♭7

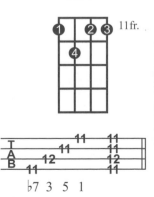

11fr.

```
T       11  11
A     11    11
B   12      12
  11        11
```

♭7 3 5 1

A♭7sus4

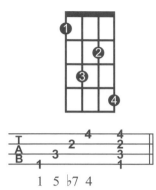

```
T       4   4
A     2     2
B   3       3
  1         1
```

1 5 ♭7 4

A♭7sus4

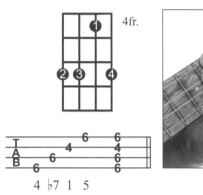

4fr.

```
T         6   6
A       4     4
B     6       6
  6           6
```

4 ♭7 1 5

A♭7sus4

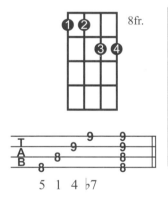

8fr.

```
T         9   9
A       9     9
B     8       8
  8           8
```

5 1 4 ♭7

A♭7sus4

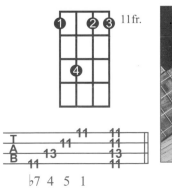

11fr.

```
T         11  11
A       11    11
B     13      13
  11          11
```

♭7 4 5 1

Ab7#11

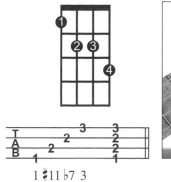

```
T        3    3
A      2 2    2
B    2        2
   1          1
```
1 #11 b7 3

Ab7#11

7fr.

```
T        9    9
A      8 8    8
B    7        7
```
#11 1 3 b7

Ab7#5

4fr.

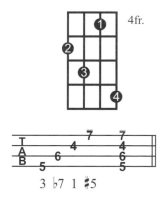

```
T        7    7
A      4 4    4
B    6        6
   5          5
```
3 b7 1 #5

Ab

Ab7#5

11fr.

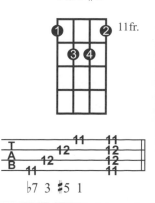

```
T        11   11
A      12 12  12
B    12       12
   11         11
```
b7 3 #5 1

A♭9

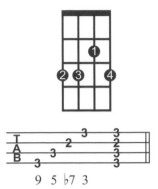

```
T        3   3
A      2 3   2
B    3       3
   3         3
```

9 5 ♭7 3

A♭9

5fr.

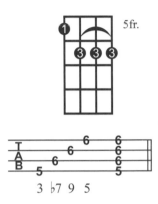

```
T        6   6
A      6     6
B    6       6
   5         5
```

3 ♭7 9 5

A♭9

8fr.

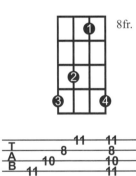

```
T        11   11
A      8      8
B    10       10
   11         11
```

♭7 9 3 1

A♭9

11fr.

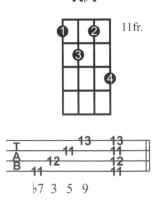

```
T        13   13
A      11     11
B    12       12
   11         11
```

♭7 3 5 9

Ab9sus4

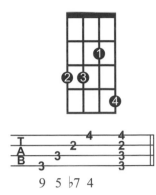

```
T           4   4
A       2       2
B     3   3     3
    3           3
```

9 5 b7 4

Ab9sus4

2 3 3 3   6fr.

```
T           6   6
A       6       6
B     6         6
    6           6
```

4 b7 9 5

Ab9sus4

1   9fr.
2
3   4

```
T           11  11
A       9       9
B     10        10
    11          11
```

b7 9 4 1

Ab

Ab9sus4

1   2   11fr.
3   4

```
T           13  13
A       11      11
B     13        13
    11          11
```

b7 4 5 9

A♭7♭9

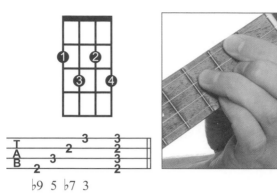

```
T           3   3
A       2       2
B     3   3     3
    2           2
```
♭9 5 ♭7 3

A♭7♭9

5fr.

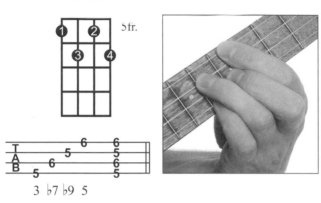

```
T           6   6
A       5       5
B     6         6
    5           5
```
3 ♭7 ♭9 5

A♭7♭9

8fr.

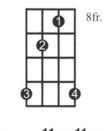

```
T           11  11
A       8       8
B     9         9
    11          11
```
♭7 ♭9 3 1

A♭7♭9

11fr.

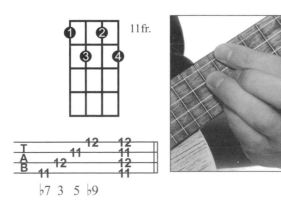

```
T           12  12
A       11      11
B     12        12
    11          11
```
♭7 3 5 ♭9

A♭7♯9

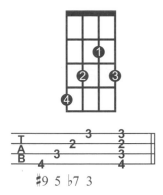

```
T        3   3
A      2     2
B    3       3
   4         4
```
#9 5 ♭7 3

A♭7♯9

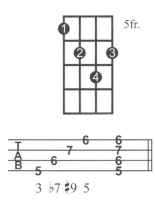
5fr.

```
T        6   6
A      7     7
B    6       6
   5         5
```
3 ♭7 ♯9 5

A♭7♯9

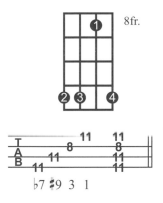
8fr.

```
T        11   11
A      8      8
B    11       11
   11         11
```
♭7 ♯9 3 1

A♭

A♭7♯9

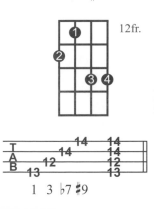
12fr.

```
T          14   14
A       14      14
B     12        12
   13           13
```
1 3 ♭7 ♯9

Ab7#5#9

11 fr.

```
T           14    14
A       12        12
B   11        12  12
        11        11
```

b7 3 #5 #9

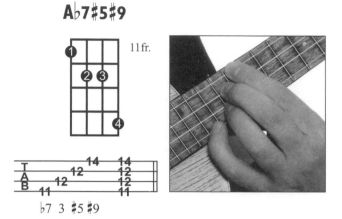

Ab7#5b9

11 fr.

```
T           12    12
A       12        12
B   11        12  12
        11        11
```

b7 3 #5 b9

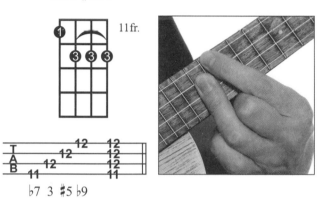

Ab7#9#5

5 fr.

```
T           7     7
A       7         7
B   5       6     6
        5         5
```

3 b7 #9 #5

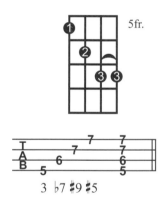

Ab7b9b5

5 fr.

```
T           5     5
A       5         5
B   5       6     6
        5         5
```

3 b7 b9 b5

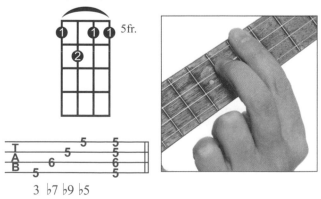

A♭13

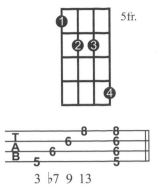

```
T        8   8
A      6     6
B    6       6
     5       5
```

3　♭7　9　13

A♭13

```
T          11  11
A      13      13
B    12        12
     11        11
```

♭7　3　13　1

A♭13sus4

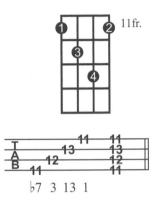

```
T        8   8
A      6     6
B    6       6
     6       6
```

4　♭7　9　13

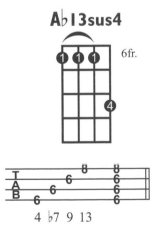

 A♭

A♭13sus4

```
T          11  11
A      13      13
B    13        13
     11        11
```

♭7　4　13　1

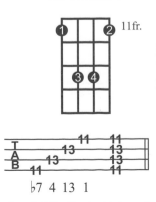

Abm7b5

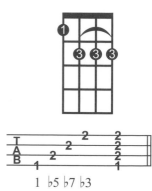

```
T        2   2
A      2     2
B    2       2
   1         1
```

1 b5 b7 b3

Abm7b5

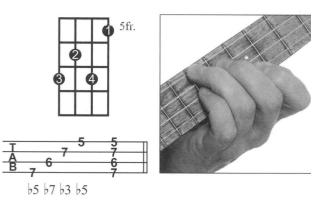

5fr.

```
T       5   5
A     7     7
B   6       6
  7         7
```

b5 b7 b3 b5

Abm7b5

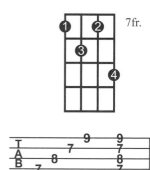

7fr.

```
T       9   9
A     7     7
B   8       8
  7         7
```

b5 1 b3 b7

Abm7b5

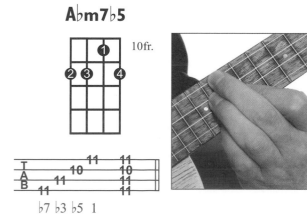

10fr.

```
T        11   11
A      10     10
B    11       11
  11          11
```

b7 b3 b5 1

Ab°7

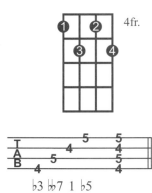

```
T          2    2
A       1       1
B    2          2
   1            1
```

1 b5 bb7 b3

Ab°7

4fr.

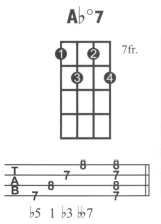

```
T          5    5
A       4       4
B    5          5
   4            4
```

b3 bb7 1 b5

Ab°7

7fr.

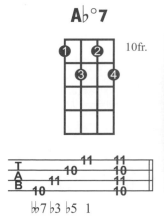

```
T          8    8
A       7       7
B    8          8
   7            7
```

b5 1 b3 bb7

Ab

Ab°7

10fr.

```
T          11   11
A       10      10
B    11         11
   10           10
```

bb7 b3 b5 1

A

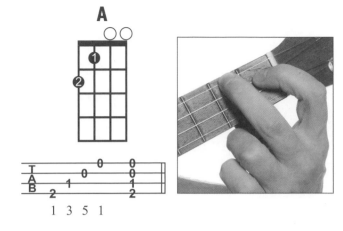

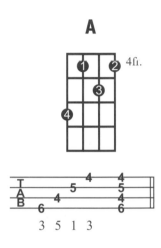

1 3 5 1

A

4fr.

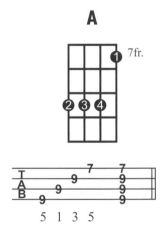

3 5 1 3

A

7fr.

5 1 3 5

A

9fr.

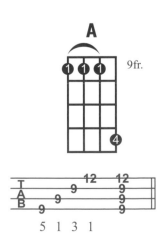

5 1 3 1

Asus4

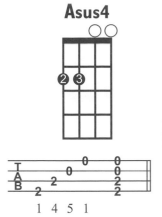

```
T          0     0
A      0         0
B    2           2
     2           2
```

1 4 5 1

Asus4

2fr.

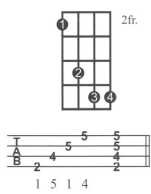

```
T          5     5
A      5         5
B    4           4
     2           2
```

1 5 1 4

Asus4

7fr.

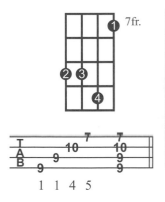

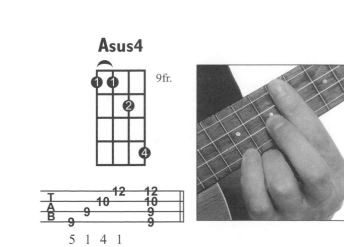

```
T          7     7
A      10        10
B    9           9
     9           9
```

1 1 4 5

Asus4

9fr.

```
T          12    12
A      10        10
B    9           9
     9           9
```

5 1 4 1

A

Amaj6

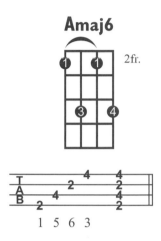

```
T        0   0
A     2      2
   1         1
B  2         2
```

1 3 6 1

Amaj6

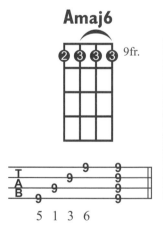

2fr.

```
T        4   4
A     2      2
   4         4
B  2         2
```

1 5 6 3

Amaj6

9fr.

```
T        9   9
A     9      9
   9         9
B  9         9
```

5 1 3 6

Amaj6

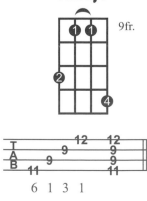

9fr.

```
T       12   12
A     9      9
   9         9
B  11        11
```

6 1 3 1

Amaj6/9

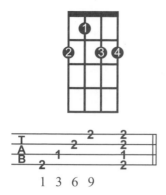

1 3 6 9

Amaj6/9

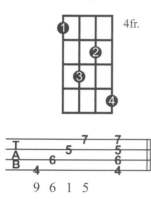

4fr.

9 6 1 5

Amaj6/9

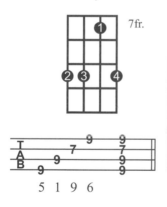

7fr.

5 1 9 6

A

Amaj6/9

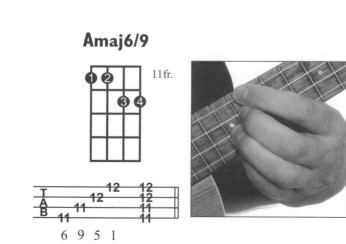

11fr.

6 9 5 1

Amaj7

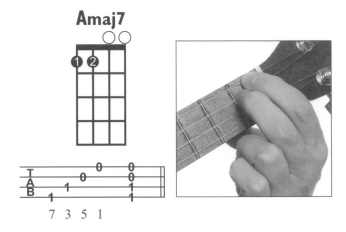

7 3 5 1

Amaj7

2fr.

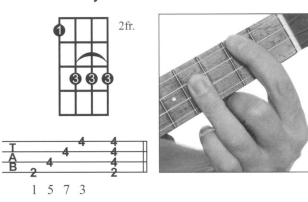

1 5 7 3

Amaj7

7fr.

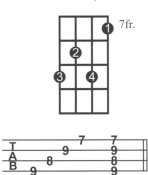

5 7 3 5

Amaj7

9fr.

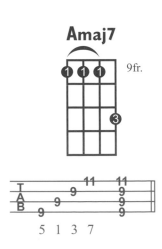

5 1 3 7

Am

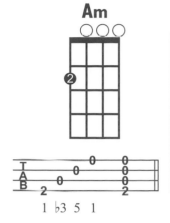

```
T           0    0
A        0       0
B     0          0
   2             2
```

1 b3 5 1

Am

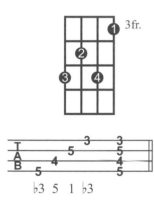

3fr.

```
T           3    3
A        5       5
B     4          4
   5             5
```

b3 5 1 b3

Am

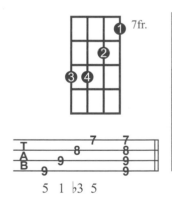

7fr.

```
T           7    7
A        8       8
B     9          9
   9             9
```

5 1 b3 5

Am

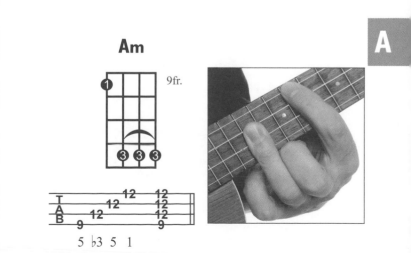

9fr.

A

```
T              12   12
A         12        12
B      12           12
    9               9
```

5 b3 5 1

Am6

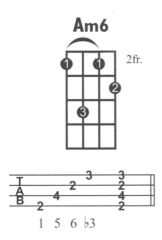

```
T            0   0
A        2   2   2
B     0      0   2
   2         0   2
```

1 ♭3 6 1

Am6

2fr.

```
T            3   3
A        2   2   2
B     2  4   4   2
   2         2
```

1 5 6 ♭3

Am6

8fr.

```
T            9   9
A        8   8   8
B     9  9   9   9
   9         9
```

5 1 ♭3 6

Am6

11fr.

```
T            12  12
A        12  12  12
B    12  12  12  12
  11         11
```

6 ♭3 5 1

Am7

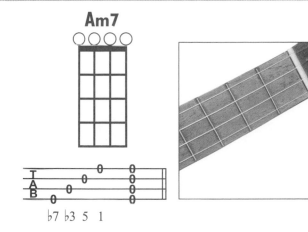

```
T        0   0
A      0     0
B    0       0
   0         0
```
b7 b3 5 1

Am7

2fr.

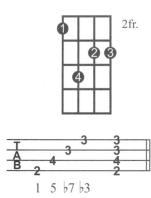

```
T        3   3
A      3     3
B    4       4
   2         2
```
1 5 b7 b3

Am7

7fr.

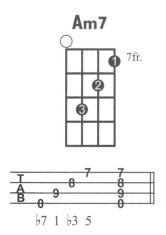

```
T        7   7
A      8     8
B    9       9
   0         0
```
b7 1 b3 5

A

Am7

8fr.

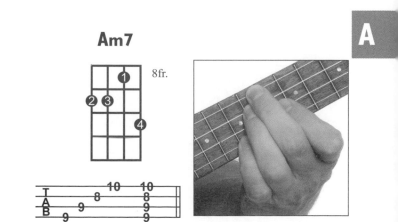

```
T        10  10
A      8     8
B    9       9
   9         9
```
5 1 b3 b7

Am9

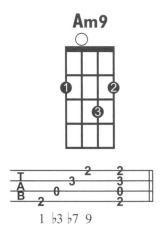

```
T       2  2
A    0     0
B  0       0
```
♭7 ♭3 5 9

Am9

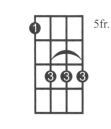

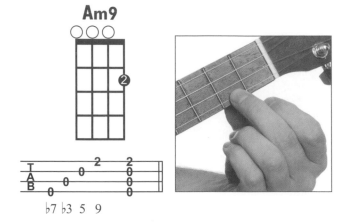

```
T       2  2
A    3     3
B  0       0
   2       2
```
1 ♭3 ♭7 9

Am9

5fr.

```
T          7  7
A       7     7
B    7        7
   5          5
```
♭3 ♭7 9 5

Am9

12fr.

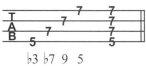

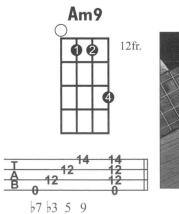

```
T          14  14
A      12      12
B   12         12
   0           0
```
♭7 ♭3 5 9

Am(maj7)

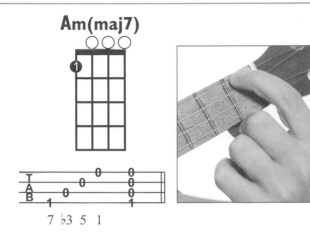

```
T         0   0
A     0       0
B 0           0
  1           1
```

7 ♭3 5 1

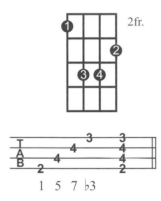

Am(maj7)

2fr.

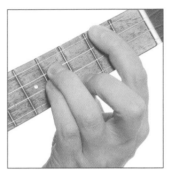

```
T           3   3
A       4       4
B   4           4
    2           2
```

1 5 7 ♭3

Am(maj7)

7fr.

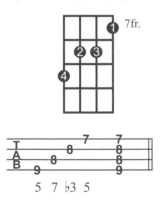

```
T           7   7
A       8       8
B   8           8
    9           9
```

5 7 ♭3 5

A

Am(maj7)

8fr.

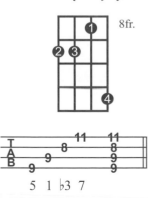

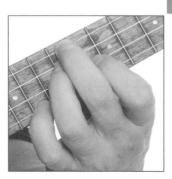

```
T          11  11
A       8       8
B   9           9
    9           9
```

5 1 ♭3 7

A7

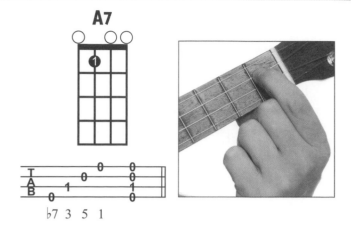

T | | | 0 | 0
A | | | |
A | | 1 | | 1
B | 0 | | | 0

♭7 3 5 1

A7

4fr.

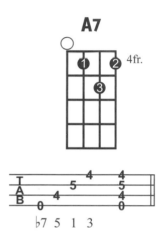

T | | | 4 | 4
A | | 5 | | 5
A | | 4 | | 4
B | 0 | | | 0

♭7 5 1 3

A7

7fr.

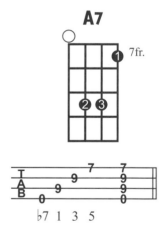

T | | | 7 | 7
A | | 9 | | 9
A | | 9 | | 9
B | 0 | | | 0

♭7 1 3 5

A7

9fr.

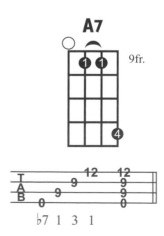

T | | | 12 | 12
A | | 9 | | 9
A | | 9 | | 9
B | 0 | | | 0

♭7 1 3 1

A7sus4

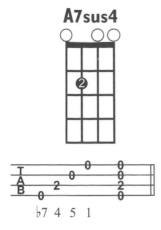

```
T        0    0
A     0
B  2         2
   0         2
```
♭7 4 5 1

A7sus4

4fr.

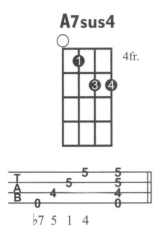

```
T           5    5
A        5       5
B     4          4
   0             0
```
♭7 5 1 4

A7sus4

7fr.

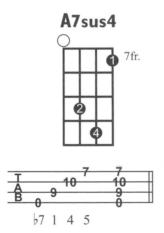

```
T              7    7
A        10        10
B     9             9
   0               0
```
♭7 1 4 5

A7sus4

9fr.

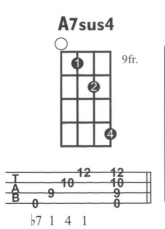

A

```
T           12   12
A        10      10
B     9          9
   0             0
```
♭7 1 4 1

A7♯11

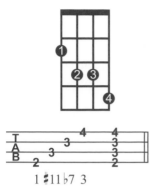

```
T         4   4
A      3      3
B   3         3
   2          2
```
1 ♯11 ♭7 3

A7♯11

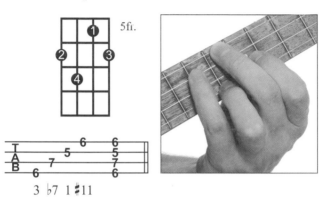

5fr.

```
T         6   6
A      5      5
B   7         7
   6          6
```
3 ♭7 1 ♯11

A7♯5

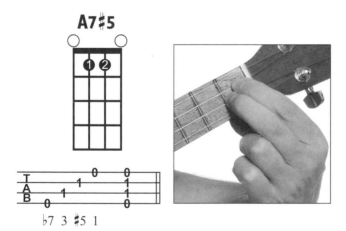

```
T         0   0
A      1      1
B   1         1
   0          0
```
♭7 3 ♯5 1

A7♯5

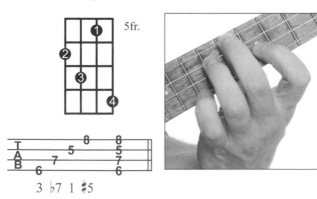

5fr.

```
T         8   8
A      5      5
B   7         7
   6          6
```
3 ♭7 1 ♯5

A9

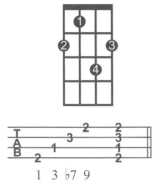

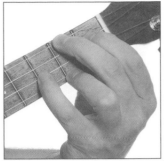

```
T        2   2
A      3   3
B    1   1
  2   2
```

1 3 ♭7 9

A9

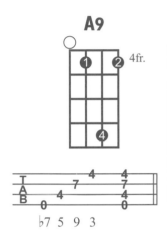

4fr.

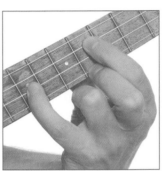

```
T        4   4
A      7   7
B    4   4
  0   0
```

♭7 5 9 3

A9

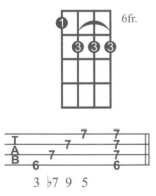

6fr.

```
T        7   7
A      7   7
B    7   7
  6   6
```

3 ♭7 9 5

A9

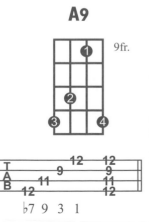

9fr.

```
T        12   12
A      9    9
B    11   11
  12   12
```

♭7 9 3 1

A

A9sus4

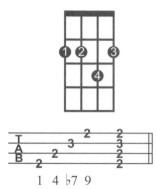

```
T          2   2
           3   3
A     2        2
B  2           2
```

1 4 ♭7 9

A9sus4

4fr.

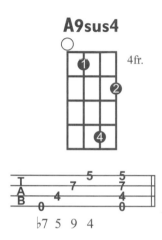

```
T          5   5
        7      7
A     4        4
B  0           0
```

♭7 5 9 4

A9sus4

7fr.

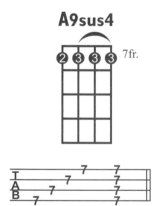

```
T          7   7
        7      7
A     7        7
B  7           7
```

4 ♭7 9 5

A9sus4

10fr.

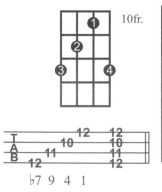

```
T          12  12
       10      10
A    11        11
B  12          12
```

♭7 9 4 1

A7♭9

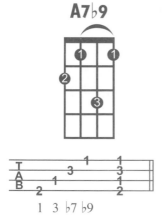

```
T         1   1
A     3       3
B   1         1
  2           2
```

1　3　♭7　♭9

A7♭9

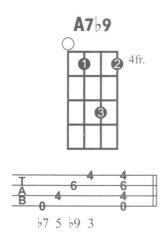

4fr.

```
T         4   4
A     6       6
B   4         4
  0           0
```

♭7　5　♭9　3

A7♭9

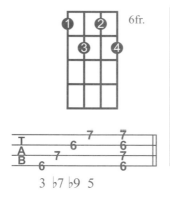

6fr.

```
T         7   7
A     6       6
B   7         7
  6           6
```

3　♭7　♭9　5

A7♭9

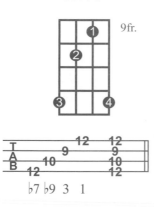

9fr.

A

```
T         12   12
A      9        9
B   10         10
  12           12
```

♭7　♭9　3　1

A7#9

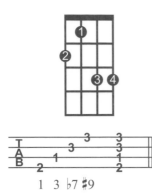

```
T        3  3
A      3    3
B    1      1
   2        2
```

1 3 b7 #9

A7#9

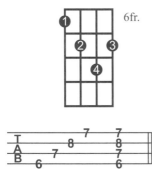

3fr.

```
T        3  3
A      3    3
B    4      4
   6        6
```

3 5 b7 #9

A7#9

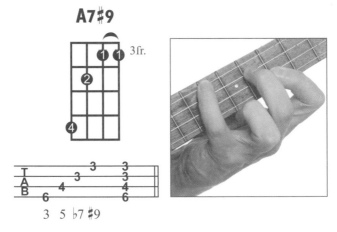

6fr.

```
T        7  7
A      8    8
B    7      7
   6        6
```

3 b7 #9 5

A7#9

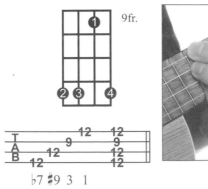

9fr.

```
T        12  12
A      9     9
B    12      12
   12        12
```

b7 #9 3 1

A7♯5♯9

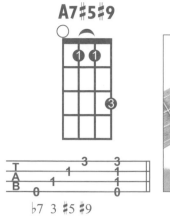

```
T     3   3
A   1     1
B   1     1
  0       0
```

♭7 3 ♯5 ♯9

A7♯5♭9

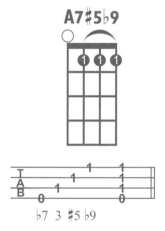

```
T     1   1
A   1     1
B   1     1
  0       0
```

♭7 3 ♯5 ♭9

A7♯9♯5

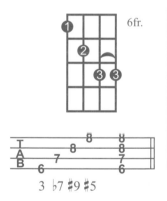

6fr.

```
T       8   8
A     8     8
B   7       7
  6         6
```

3 ♭7 ♯9 ♯5

A

A7♭9♭5

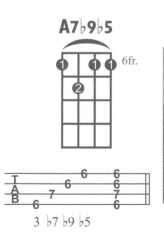

6fr.

```
T       6   6
A     6     6
B   7       7
  6         6
```

3 ♭7 ♭9 ♭5

A13

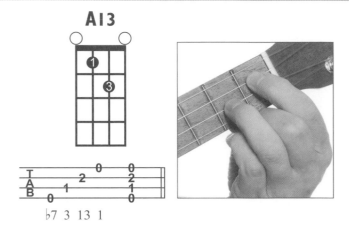

♭7 3 13 1

A13

6fr.

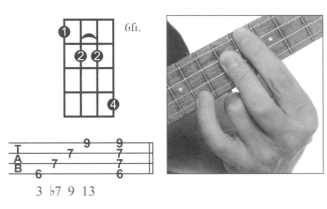

3 ♭7 9 13

A13sus4

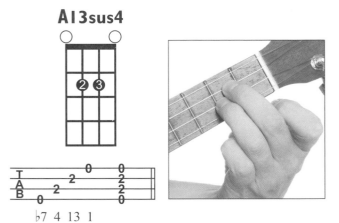

♭7 4 13 1

A13sus4

7fr.

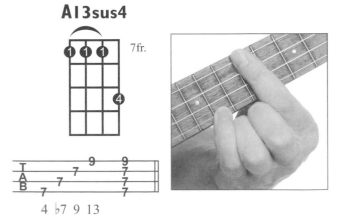

4 ♭7 9 13

Am7♭5

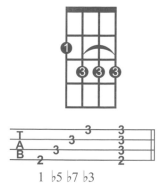

```
T            3      3
A        3          3
B    2       3      3
         2          2
```

1 ♭5 ♭7 ♭3

Am7♭5

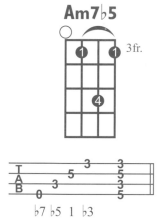

3fr.

```
T            3      3
A        5          5
B    3       3      3
     0              5
```

♭7 ♭5 1 ♭3

Am7♭5

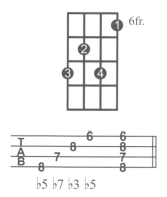

6fr.

```
T            6      6
A        8          8
B    7       7      7
     8              8
```

♭5 ♭7 ♭3 ♭5

A

Am7♭5

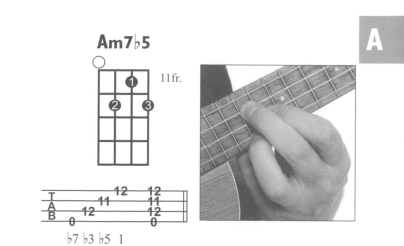

11fr.

```
T            12     12
A        11         11
B    12      12     12
     0              0
```

♭7 ♭3 ♭5 1

A°7

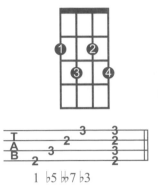

1 b5 bb7 b3

A°7

5fr.

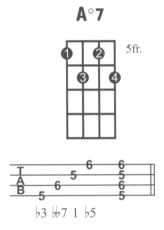

b3 bb7 1 b5

A°7

8fr.

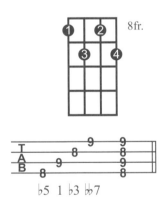

b5 1 b3 bb7

A°7

11fr.

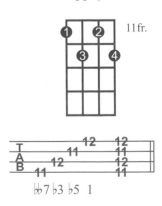

bb7 b3 b5 1

B♭

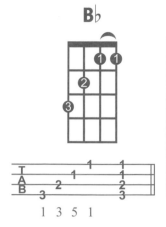

1 3 5 1

B♭

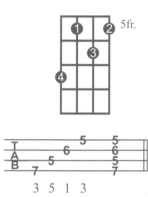

3 5 1 3

B♭

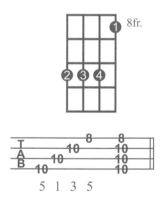

5 1 3 5

B♭

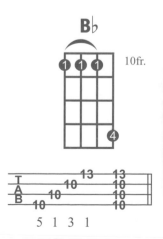

5 1 3 1

B♭

B♭sus4

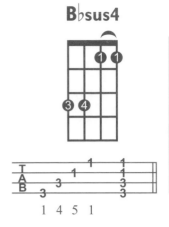

```
T        1   1
A      1     1
B    3 3     3
  3          3
```
1 4 5 1

B♭sus4

3fr.

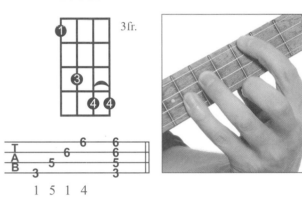

```
T        6   6
A      6     6
B    5       5
  3          3
```
1 5 1 4

B♭sus4

8fr.

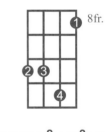

```
T        8    8
A     11      11
B   10  10    10
  10          10
```
5 1 4 5

B♭sus4

10fr.

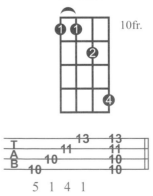

```
T         13   13
A      11      11
B   10 10      10
  10           10
```
5 1 4 1

B♭maj6

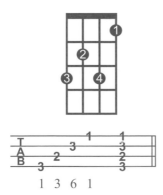

```
T ----------1---1--
A -----3-----3---3--
  --2--------------2
B 3--------------3--
```

1 3 6 1

B♭maj6

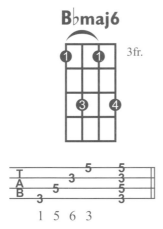

3fr.

```
T ----------5---5--
A -----3-----3---3--
  --5--------------5
B 3--------------3--
```

1 5 6 3

B♭maj6

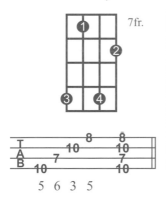

7fr.

```
T ----------8---8---
A -----10----10--10-
  --7--------------7
B 10-------------10-
```

5 6 3 5

B♭maj6

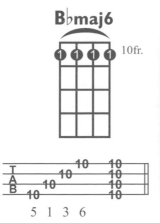

10fr.

```
T ----------10--10--
A -----10----10--10-
  --10-------------10
B 10-------------10-
```

5 1 3 6

B♭

B♭maj6/9

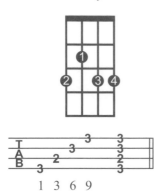

```
T          3    3
A        3      3
B      2        2
     3          3
```

1 3 6 9

B♭maj6/9

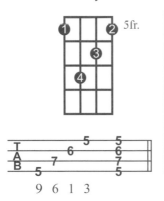 5fr.

```
T          5    5
A        6      6
B      7        7
     5          5
```

9 6 1 3

B♭maj6/9

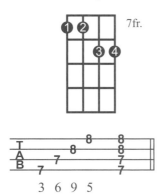 7fr.

```
T          8    8
A        8      8
B      7        7
     7          7
```

3 6 9 5

B♭maj6/9

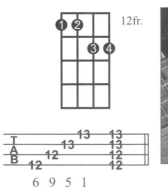 12fr.

```
T          13   13
A        13      13
B      12        12
     12          12
```

6 9 5 1

B♭maj7

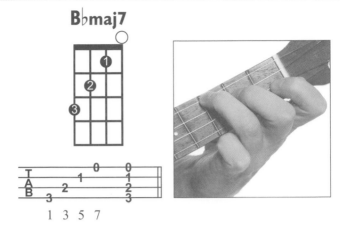

```
T    0   0
A  1     1
B 2       2
  3       3
```
1 3 5 7

B♭maj7

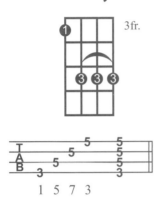

3fr.

```
T      5   5
A    5     5
B  5       5
  3         3
```
1 5 7 3

B♭maj7

8fr.

```
T      8    8
A   10      10
B  9        9
 10         10
```
5 7 3 5

B♭maj7

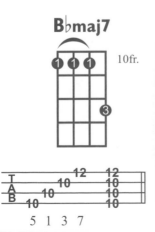

10fr.

```
T      12   12
A   10      10
B 10        10
 10         10
```
5 1 3 7

B♭

Bbm

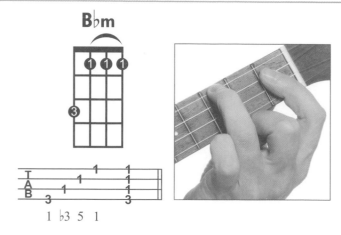

1 b3 5 1

Bbm

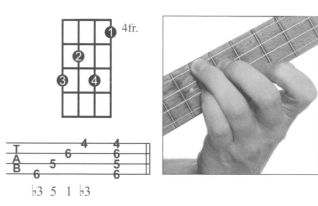

4fr.

b3 5 1 b3

Bbm

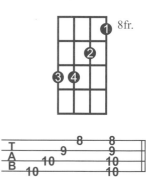

8fr.

5 1 b3 5

Bbm

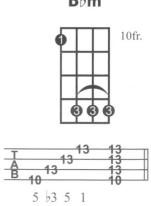

10fr.

5 b3 5 1

Bbm6

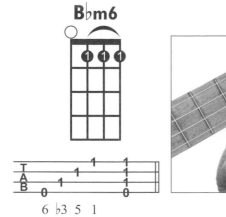

```
T|---------1---1--
A|------1------1--
B|---1---------1--
 |0-----------0--
```

6 b3 5 1

Bbm6

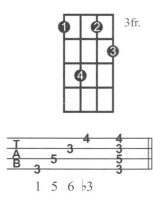

3fr.

```
T|--------4---4--
A|-----3------3--
B|--5---------5--
 |3----------3---
```

1 5 6 b3

Bbm6

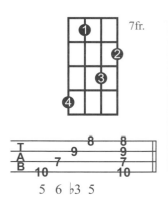

7fr.

```
T|---------8---8--
A|------9------9--
B|---7---------7--
 |10---------10---
```

5 6 b3 5

Bbm6

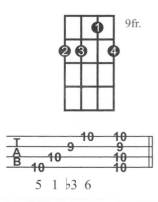

9fr.

```
T|---------10---10--
A|------9-------9---
B|---10--------10---
 |10----------10----
```

5 1 b3 6

Bb

B♭m7

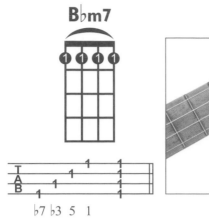

♭7 ♭3 5 1

B♭m7

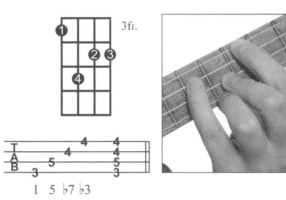

3fr.

1 5 ♭7 ♭3

B♭m7

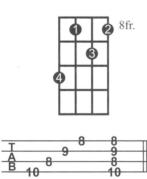

8fr.

5 ♭7 ♭3 5

B♭m7

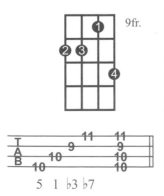

9fr.

5 1 ♭3 ♭7

B♭m9

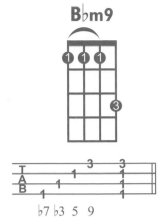

```
T       3   3
A     1     1
B   1       1
    1       1
```

♭7 ♭3 5 9

B♭m9

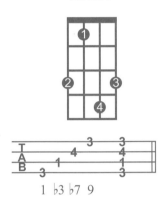

```
T       3   3
A     4     4
B   1       1
    3       3
```

1 ♭3 ♭7 9

B♭m9

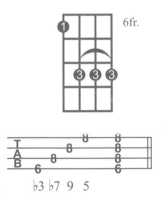   6fr.

```
T       8   8
A     8     8
B   8       8
    6       6
```

♭3 ♭7 9 5

B♭m9

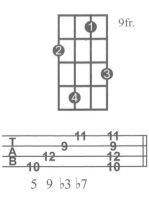   9fr.

```
T        11  11
A      9      9
B    12      12
    10      10
```

5 9 ♭3 ♭7

B♭

B♭m(maj7)

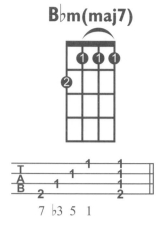

7 ♭3 5 1

B♭m(maj7)

3fr.

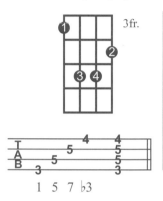

1 5 7 ♭3

B♭m(maj7)

8fr.

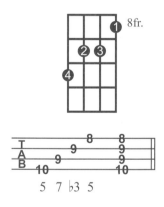

5 7 ♭3 5

B♭m(maj7)

9fr.

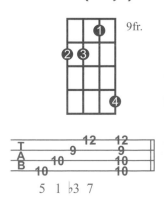

5 1 ♭3 7

Bb7

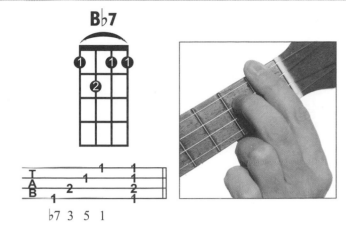

b7 3 5 1

Bb7

3fr.

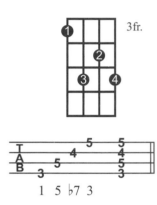

1 5 b7 3

Bb7

6fr.

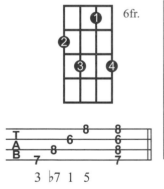

3 b7 1 5

Bb7

10fr.

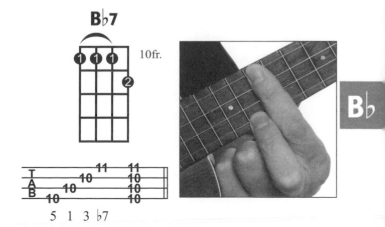

5 1 3 b7

Bb

Bb7sus4

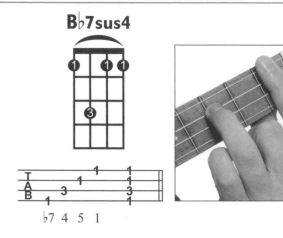

b7 4 5 1

Bb7sus4

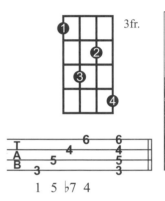

3fr.

1 5 b7 4

Bb7sus4

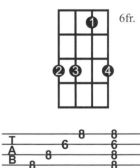

6fr.

4 b7 1 5

Bb7sus4

10fr.

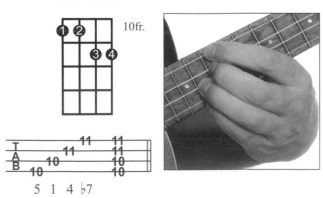

5 1 4 b7

Bb7#11

3fr.

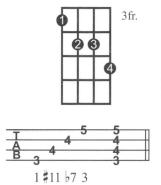

```
T        5   5
A      4     4
B    4       4
   3         3
```
1 #11 b7 3

Bb7#11

9fr.

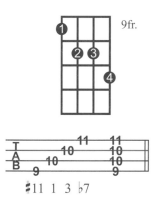

```
T        11   11
A      10     10
B    10       10
   9          9
```
#11 1 3 b7

Bb7#5

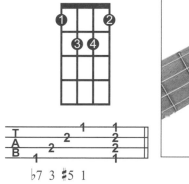

```
T       1   1
A     2     2
B   2       2
  1         1
```
b7 3 #5 1

Bb7#5

10fr.

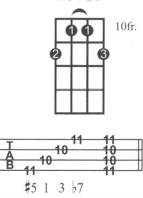

```
T        11   11
A      10     10
B    10       10
   11         11
```
#5 1 3 b7

Bb

Bb9

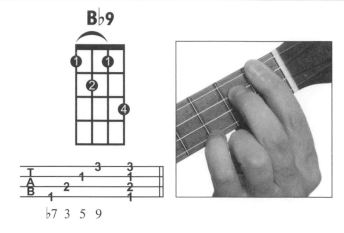

```
T        3   3
A     1      1
B   2        2
  1          1
  b7  3  5  9
```

Bb9

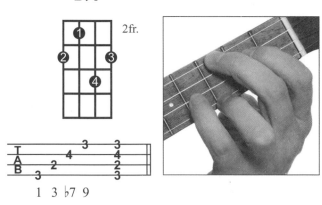

2fr.

```
T        3   3
A     4      4
B   2        2
  3          3
  1  3  b7  9
```

Bb9

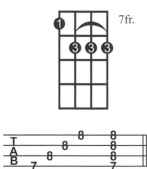

7fr.

```
T        8   8
A     8      8
B  8         8
  7          7
  3  b7  9  5
```

Bb9

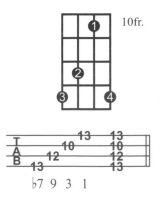

10fr.

```
T        13   13
A     10       10
B  12          12
 13            13
  b7  9  3  1
```

B♭9sus4

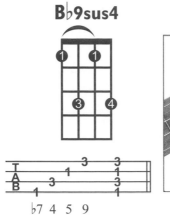

```
T        3   3
A      1     3
B    3       3
   1         1
```
♭7 4 5 9

B♭9sus4

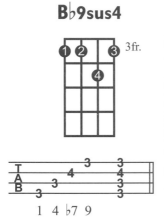
3fr.

```
T        3   3
A      4     4
B    3       3
   3         3
```
1 4 ♭7 9

B♭9sus4

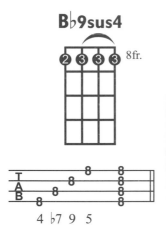
8fr.

```
T        8   8
A      8     8
B    8       8
   8         8
```
4 ♭7 9 5

B♭9sus4

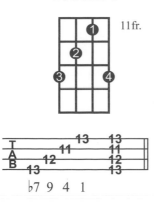
11fr.

```
T        13   13
A      11      11
B    12        12
   13          13
```
♭7 9 4 1

B♭

Bb7b9

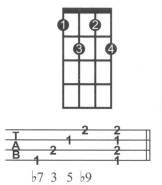

```
T          2   2
A      1       2
B    2         2
   1           1
```
b7 3 5 b9

Bb7b9

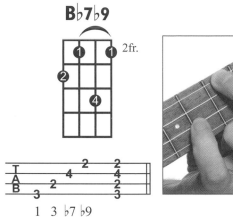

2fr.

```
T          2   2
A      4       4
B    2         2
   3           3
```
1 3 b7 b9

Bb7b9

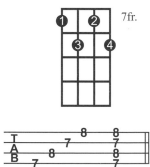

7fr.

```
T          8   8
A      7       7
B    8         8
   7           7
```
3 b7 b9 5

Bb7b9

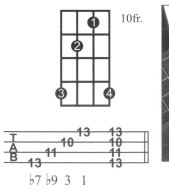

10fr.

```
T          13   13
A      10        10
B    11          11
   13            13
```
b7 b9 3 1

B♭7♯9

```
T        4   4
A     1      1
B   2        2
  1          1
```

♭7 3 5 ♯9

B♭7♯9

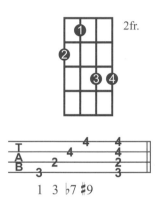 2fr.

```
T        4   4
A     4      4
B   2        2
  3          3
```

1 3 ♭7 ♯9

B♭7♯9

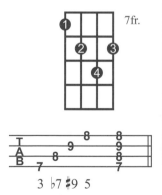 7fr.

```
T        8   8
A     9      9
B   8        8
  7          7
```

3 ♭7 ♯9 5

B♭7♯9

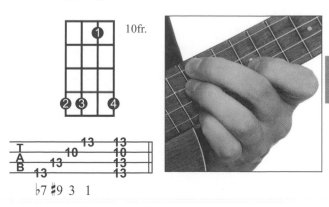 10fr.

```
T        13  13
A     10     10
B  13        13
  13         13
```

♭7 ♯9 3 1

B♭

B♭7♯5♯9

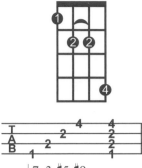

```
T           4     4
A       2         2
B     2           2
    1             1
```

♭7 3 ♯5 ♯9

B♭7♯5♭9

```
T           2     2
A       2         2
B     2           2
    1             1
```

♭7 3 ♯5 ♭9

B♭7♯9♯5

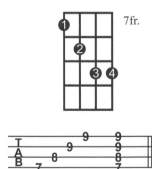 7fr.

```
T           9     9
A       9         9
B     8           8
    7             7
```

3 ♭7 ♯9 ♯5

B♭7♭9♭5

7fr.

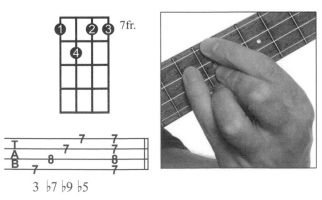

```
T           7     7
A       7         7
B     8           8
    7             7
```

3 ♭7 ♭9 ♭5

Bb13

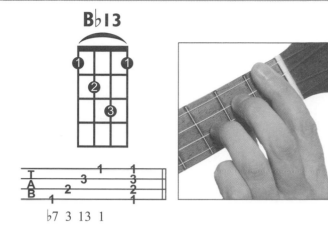

```
T        1   1
A      3     1
B    2       2
   1         1
```

b7 3 13 1

Bb13

7fr.

```
T        10  10
A      8     8
B    8       8
   7         7
```

3 b7 9 13

Bb13sus4

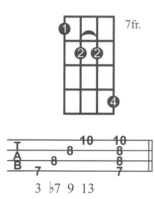

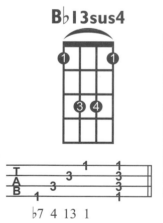

```
T        1   1
A      3     3
B    3       1
   1         1
```

b7 4 13 1

Bb13sus4

8fr.

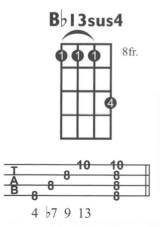

```
T        10  10
A      8     8
B    8       8
   8         8
```

4 b7 9 13

Bb

B♭m7♭5

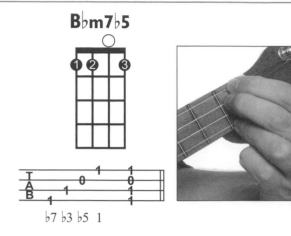

```
T       1   1
A   0       0
B   1       1
  1         1
```

♭7 ♭3 ♭5 1

B♭m7♭5

3fr.

```
T         4   4
A     4       4
B   4         4
  3           3
```

1 ♭5 ♭7 ♭3

B♭m7♭5

7fr.

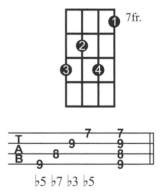

```
T         7   7
A     9       9
B   8         8
  9           9
```

♭5 ♭7 ♭3 ♭5

B♭m7♭5

9fr.

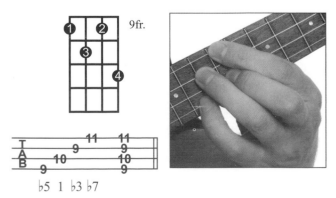

```
T         11   11
A     9        9
B   10         10
  9            9
```

♭5 1 ♭3 ♭7

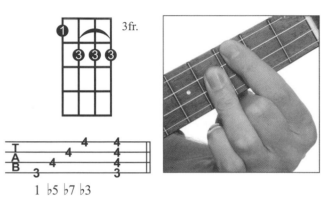

Bb°7

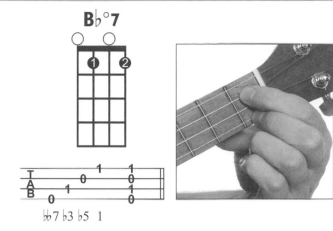

```
T        1   1
A    0       1
B   0   1    0
    0        0
```

bb7 b3 b5 1

Bb°7

3fr.

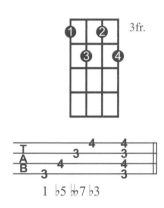

```
T            4   4
A        3       3
B    4           4
    3            3
```

1 b5 bb7 b3

Bb°7

6fr.

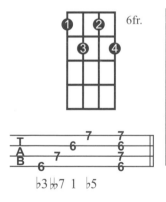

```
T            7   7
A        6       6
B    7           7
    6            6
```

b3 bb7 1 b5

Bb°7

9fr.

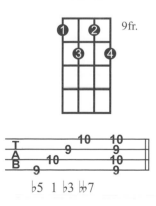

```
T           10  10
A        9       9
B   10          10
    9            9
```

b5 1 b3 bb7

Bb

B

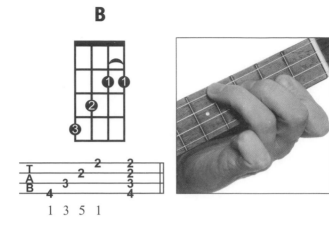

```
T           2     2
            2     2
A        2        2
   3              3
B 4               4
```
1   3   5   1

B

6fr.

```
T         6      6
       7         7
A    6           6
B 8              8
```
3   5   1   3

B

9fr.

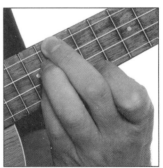

```
T          9      9
        11       11
A    11          11
B 11             11
```
5   1   3   5

B

11fr.

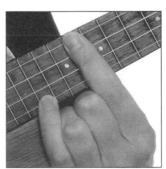

```
T           14     14
         11        11
A     11           11
B 11               11
```
5   1   3   5

Bsus4

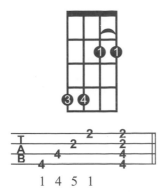

1 4 5 1

Bsus4

4fr.

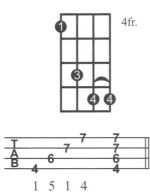

1 5 1 4

Bsus4

9fr.

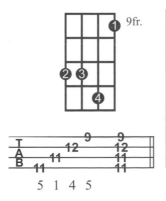

5 1 4 5

Bsus4

11fr.

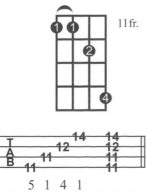
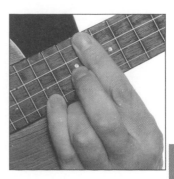

5 1 4 1

B

Bmaj6

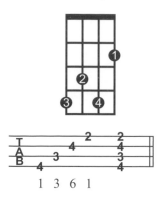

```
T        2   2
A      4     4
B    3     3
   4         4
```

1 3 6 1

Bmaj6

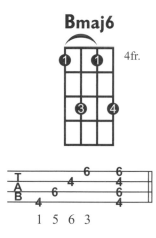

4fr.

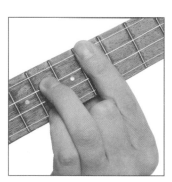

```
T        6   6
A      4     4
B    6       6
   4         4
```

1 5 6 3

Bmaj6

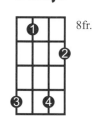

8fr.

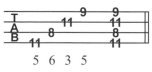

```
T        9    9
A      11     11
B    8        8
   11         11
```

5 6 3 5

Bmaj6

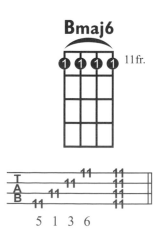

11fr.

```
T        11   11
A      11     11
B    11       11
   11         11
```

5 1 3 6

Bmaj6/9

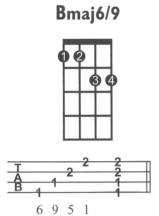

```
T          2   2
A      2       2
B    1         1
  1            1
```
6 9 5 1

Bmaj6/9

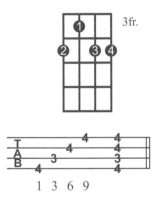

3fr.

```
T          4   4
A      4       4
B    3         3
  4            4
```
1 3 6 9

Bmaj6/9

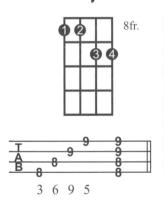

8fr.

```
T          9   9
A      9       9
B    8         8
  8            8
```
3 6 9 5

Bmaj6/9

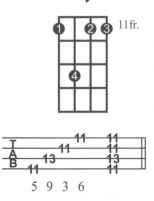

11fr.

```
T          11   11
A      11       11
B    13         13
  11            11
```
5 9 3 6

B

Bmaj7

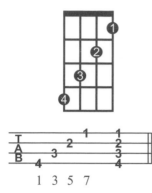

```
T        1   1
A      2     2
A    3       3
B  4         4
```

1 3 5 7

Bmaj7

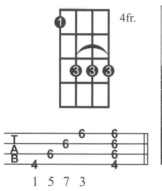

4fr.

```
T       6   6
A     6     6
A   6       6
B 4         4
```

1 5 7 3

Bmaj7

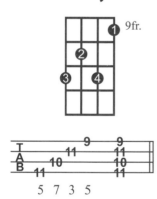

9fr.

```
T        9    9
A     11     11
A   10       10
B 11         11
```

5 7 3 5

Bmaj7

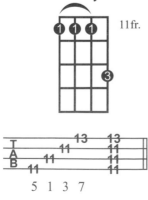

11fr.

```
T        13   13
A     11      11
A   11        11
B 11          11
```

5 1 3 7

Bm

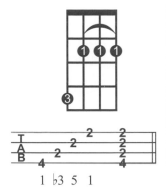

```
T-----------2----2--
A--------2------2--
B-----2------2-----
   4-----------4--
```

1 ♭3 5 1

Bm

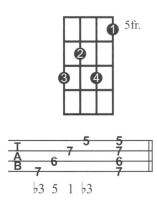

5fr.

```
T-----------5----5--
A--------7------7--
B-----6------6-----
   7-----------7--
```

♭3 5 1 ♭3

Bm

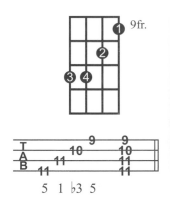

9fr.

```
T-----------9----9--
A--------10-----10--
B-----11-----11----
   11----------11--
```

5 1 ♭3 5

Bm

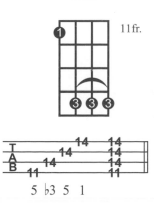

11fr.

```
T-----------14---14--
A--------14-----14--
B-----14-----14----
   11----------11--
```

5 ♭3 5 1

B

Bm6

```
T        2   2
A      2     2
B    2       2
   1         1
```
6 ♭3 5 1

Bm6

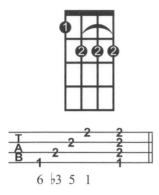

4fr.

```
T        5   5
A      4     4
B    6       6
   4         4
```
1 5 6 ♭3

Bm6

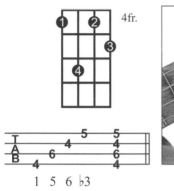

8fr.

```
T         9    9
A       10     10
B     8        8
   11          11
```
5 6 ♭3 5

Bm6

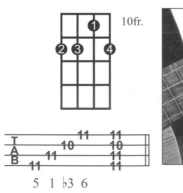

10fr.

```
T          11   11
A        10      10
B      11        11
   11            11
```
5 1 ♭3 6

Bm7

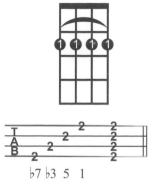
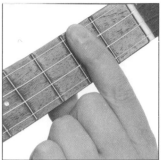

b7 b3 5 1

Bm7

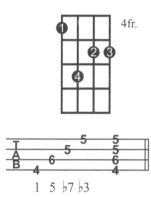
4fr.

1 5 b7 b3

Bm7

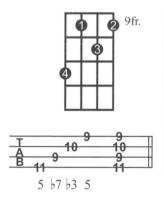
9fr.

5 b7 b3 5

Bm7

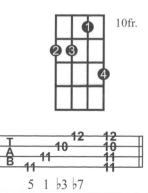
10fr.

5 1 b3 b7

B

Bm9

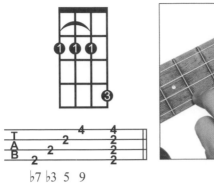

```
T           4    4
A        2       2
B     2          2
   2             2
```
♭7 ♭3 5 9

Bm9

2fr.

```
T           4    4
A        5       5
B     2          2
   4             4
```
1 ♭3 ♭7 9

Bm9

7fr.

```
T           9    9
A        9       9
B     9          9
   7             7
```
♭3 ♭7 9 5

Bm9

10fr.

```
T           12   12
A        10       10
B     13          13
   11             11
```
5 9 ♭3 ♭7

Bm(maj7)

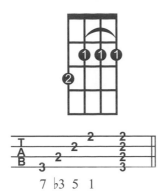

```
T           2    2
A       2        2
B   3   2        2
    3            3
```

7 ♭3 5 1

Bm(maj7)

4fr.

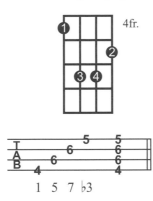

```
T           5    5
A       6        6
B   4   6        6
    4            4
```

1 5 7 ♭3

Bm(maj7)

9fr.

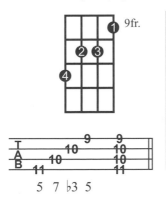

```
T           9    9
A       10       10
B   11  10       10
    11           11
```

5 7 ♭3 5

Bm(maj7)

10fr.

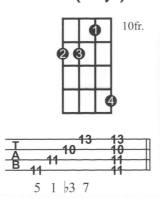

```
T          13    13
A      10        10
B   11  11       11
    11           11
```

5 1 ♭3 7

B

B7

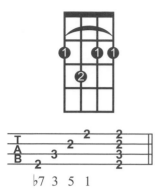

```
T            2   2
A        2   2   2
B    3   3       3
    2            2
```
♭7 3 5 1

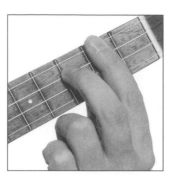

B7

4fr.

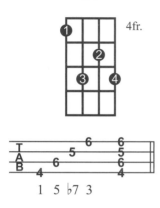

```
T            6   6
A        5       5
B    6   6       6
    4            4
```
1 5 ♭7 3

B7

9fr.

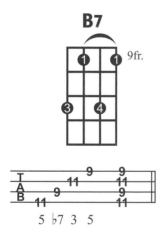

```
T            9   9
A       11      11
B    9   9       9
   11           11
```
5 ♭7 3 5

B7

11fr.

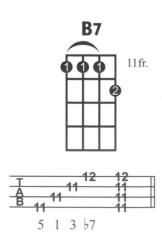

```
T           12  12
A       11      11
B   11  11      11
   11           11
```
5 1 3 ♭7

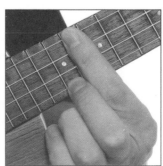

B7sus4

```
T------------2----2--
A---------2-------2--
B------4----------4--
----2------------2--
   b7  4  5  1
```

B7sus4

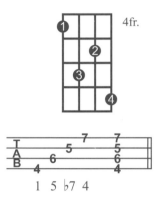

4fr.

```
T------------7----7--
A---------5-------5--
B------6----------6--
----4------------4--
   1  5  b7  4
```

B7sus4

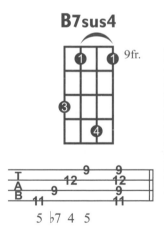

9fr.

```
T------------9----9--
A---------12------12-
B------9----------9--
----11-----------11-
   5  b7  4  5
```

B7sus4

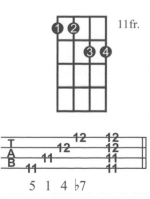

11fr.

```
T------------12---12-
A---------12------12-
B------11---------11-
----11-----------11-
   5  1  4  b7
```

B

B7#11

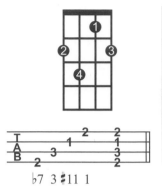

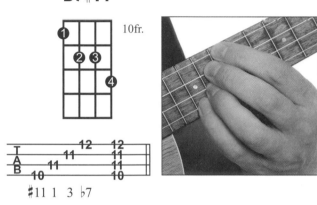

```
T        2   2
A     1      1
B   3        3
  2          2
```
♭7 3 #11 1

B7#11

10fr.

```
T        12  12
A     11     11
B   11       11
  10         10
```
#11 1 3 ♭7

B7#5

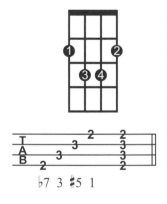

```
T        2   2
A     3      3
B   3        3
  2          2
```
♭7 3 #5 1

B7#5

11fr.

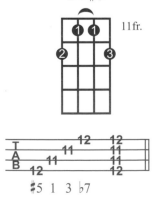

```
T        12  12
A     11     11
B   11       11
  12         12
```
#5 1 3 ♭7

B9

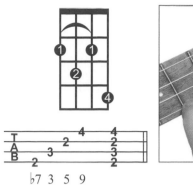

b7 3 5 9

B9

3fr.

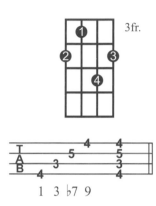

1 3 b7 9

B9

8fr.

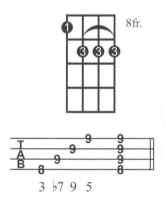

3 b7 9 5

B9

11fr.

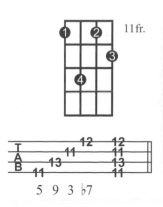

5 9 3 b7

B

B9sus4

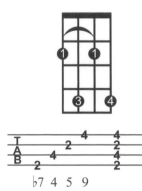

```
T        4   4
A     2      2
B   4        4
  2          2
```
♭7 4 5 9

B9sus4

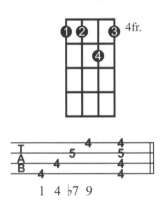 4fr.

```
T        4   4
A     5      5
B   4        4
  4          4
```
1 4 ♭7 9

B9sus4

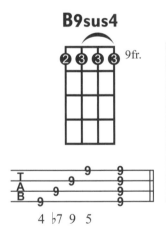 9fr.

```
T        9   9
A     9      9
B   9        9
  9          9
```
4 ♭7 9 5

B9sus4

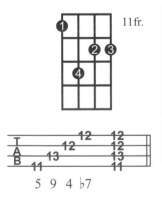 11fr.

```
T         12  12
A      12     12
B   13        13
  11          11
```
5 9 4 ♭7

B7♭9

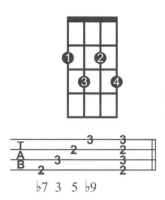

```
T        3   3
A      2     2
B    3       2
B  2         2
```
♭7 3 5 ♭9

B7♭9

5fr.

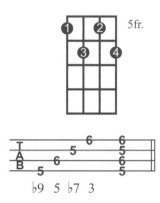

```
T        6   6
A      5     5
B    6       5
B  5         5
```
♭9 5 ♭7 3

B7♭9

8fr.

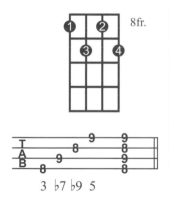

```
T        9   9
A      8     8
B    9       8
B  8         8
```
3 ♭7 ♭9 5

B7♭9

11fr.

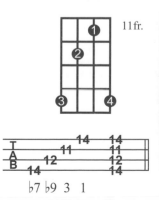

```
T         14  14
A       11    11
B     12      12
B  14         14
```
♭7 ♭9 3 1

B

B7#9

2fr.

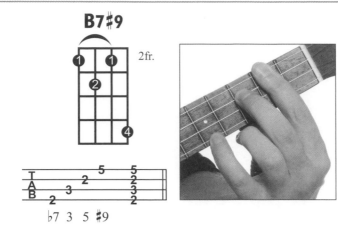

```
T           5   5
A       2   2
B     3     3
  2         2
```
♭7 3 5 #9

B7#9

3fr.

```
T           5   5
A       5   5
B     3     3
  4         4
```
1 3 ♭7 #9

B7#9

8fr.

```
T           9   9
A       10  10
B     9     9
  8         8
```
3 ♭7 #9 5

B7#9

11fr.

```
T           14  14
A       11  11
B     14    14
  14        14
```
♭7 #9 3 1

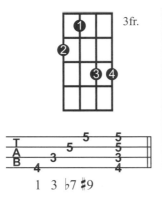
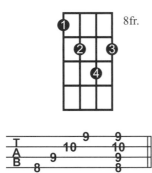
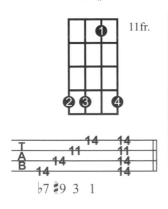

B7#5#9

2fr.

```
T---------5---5-
A-----3---3---3-
B-2---3-------2-
```

b7 3 #5 #9

B7#5b9

2fr.

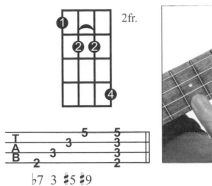

```
T---------3---3-
A-----3---3---3-
B-2---3-------2-
```

b7 3 #5 b9

B7#9#5

8fr.

```
T----------10---10-
A------10---10---10-
B--8----9--------9-
```

3 b7 #9 #5

B7b9b5

8fr.

```
T----------8---8-
A------8---8---9-
B--8---9-------8-
```

3 b7 b9 b5

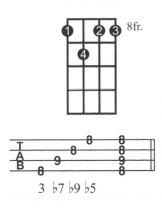

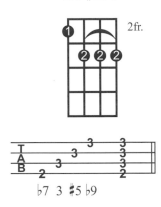

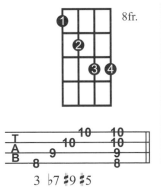

B

B13

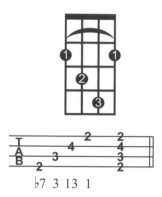

```
T        2   2
A     4     4
B   3       3
  2         2
```

♭7 3 13 1

B13

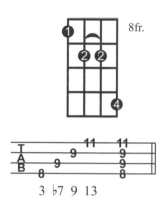

8fr.

```
T      11   11
A     9     9
B   9       9
  8         8
```

3 ♭7 9 13

B13sus4

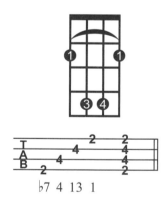

```
T        2   2
A     4     4
B   4       4
  2         2
```

♭7 4 13 1

B13sus4

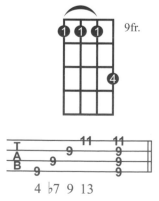

9fr.

```
T      11   11
A     9     9
B   9       9
  9         9
```

4 ♭7 9 13

Bm7♭5

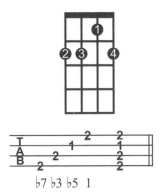

```
T------2--2
A----1--1
B--2--2
--2----2
```

♭7 ♭3 ♭5 1

Bm7♭5

4fr.

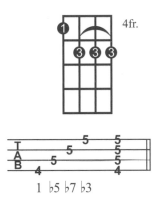

```
T------5--5
A----5--5
B--5--5
--4----4
```

1 ♭5 ♭7 ♭3

Bm7♭5

8fr.

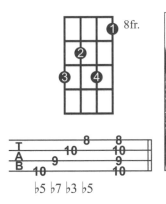

```
T------8--8
A----10--10
B--9--9
--10----10
```

♭5 ♭7 ♭3 ♭5

Bm7♭5

10fr.

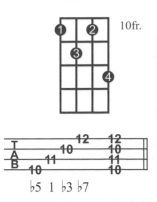

```
T------12--12
A----10--10
B--11--11
--10----10
```

♭5 1 ♭3 ♭7

B°7

```
T        2    2
A      1      1
B    2        2
   1          1
```

bb7 b3 b5 1

B°7

4fr.

```
T        5    5
A      4      4
B    5        5
   4          4
```

1 b5 bb7 b3

B°7

7fr.

```
T        8    8
A      7      7
B    8        8
   7          7
```

b3 bb7 1 b5

B°7

10fr.

```
T        11   11
A      10      10
B    11        11
   10          10
```

b5 1 b3 bb7

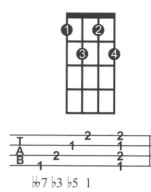
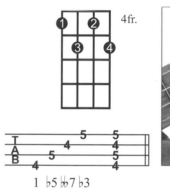
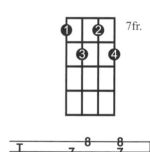
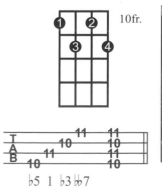